PA

Un secret du docteur Freud

DU MÊME AUTEUR

L'Or et la Cendre, Ramsay, 1997.
Petite métaphysique du meurtre, PUF, 1998.
La Répudiée, Albin Michel, 2000.
Qumran, Albin Michel, 2001.
Le Trésor du temple, Albin Michel, 2001.
Mon père, Albin Michel, 2002.
Clandestin, Albin Michel, 2003.
La Dernière Tribu, Albin Michel, 2004.
Un heureux événement, Albin Michel, 2006.
Le Corset invisible, avec C. Bongrand, Albin Michel, 2007.
Le Livre des passeurs, avec A. Abécassis, Robert Laffont, 2007.
Mère et fille, un roman, Albin Michel, 2008.
Sépharade, Albin Michel, 2009.
Une affaire conjugale, Albin Michel, 2010.
Et te voici permise à tout homme, Albin Michel, 2011.
Le Palimpseste d'Archimède, Albin Michel, 2013.

Éliette Abécassis

Un secret du docteur Freud

Roman

Flammarion

À Janine Abécassis, ma mère,
professeur et psychanalyste,
qui a inspiré et accompagné l'écriture de ce livre.

PROLOGUE

— Chers collègues, chers disciples, chers amis, je vous remercie d'être venus aussi nombreux pour entendre ce que j'ai à vous dire. Il est temps pour vous de commencer une histoire, différente de la vôtre, qui vous entraînera vers une nouvelle destinée. Vous allez quitter ce que vous avez de plus cher, ce que vous avez construit, votre vie, nos études, votre culture, votre langue, votre identité, vos amis, vos proches, vos habitudes : votre pays. Le cœur lourd, je vous le dis, aujourd'hui : mes chers amis, il est temps pour vous de partir. C'est un voyage sans retour qui s'impose, dont vous ne sortirez pas indemnes mais qui vous sauvera peut-être la vie. Car vous n'avez pas le choix : l'histoire a déjà commencé.

Ce dimanche 13 mars 1938, Sigmund Freud et sa fille Anna, assistés du Comité directeur de la Société psychanalytique de Vienne, ont convoqué les adhérents pour une cession extraordinaire, au siège de leur maison d'édition, situé au 7, Berggasse.

Ils sont nombreux ce soir-là. Une soixantaine de membres a répondu présent, élèves et disciples réunis autour du maître, qui s'exprime devant eux, pour la dernière fois peut-être.

Anna est assise à la droite de son père, à côté de Martin, son frère aîné. Sigmund Freud, les cheveux blancs coupés court, la barbe taillée, les petites lunettes rondes autour des yeux intenses, vêtu comme d'habitude avec élégance, a salué les uns et les autres, serré des mains et embrassé ceux qu'il connaît si bien.

Il a échangé quelques mots affectueux avec Edith et Richard Sterba, révoltés par la situation de l'Autriche depuis son annexion par l'Allemagne. À Richard, qui a été nommé membre extraordinaire de la Wiener Psychoanalytische Vereinigung, il donne une poignée de mains fraternelle, une dernière sans doute, car il le sait décidé à partir en exil avec sa femme et ses enfants. Même s'ils ne sont pas juifs, ils refusent de collaborer avec les destructeurs et de présider des sociétés analytiques *aryanisées*. Le pays est devenu dangereux pour ceux qui pratiquent la psychanalyse. Tous avaient espéré un plébiscite pour que le peuple s'exprime à propos de l'indépendance de l'Autriche. Mais le chancelier a démissionné et les croix gammées sont apparues sur tous les murs.

Il est urgent de fuir. Ernest Jones, exégète et biographe du maître, doit arriver en avion trois jours plus tard, par Prague, avec des nouvelles : il a fait le nécessaire auprès du ministre de l'Intérieur britannique pour que la famille, les domestiques et les médecins de Freud, ainsi qu'un certain nombre de disciples et leurs proches puissent émigrer et travailler en Grande-Bretagne. Ils y seront accueillis à bras ouverts – si les nazis leur accordent le droit de partir.

Avec nostalgie, Freud serre les mains de ses amis, car il se souvient des tout débuts de l'association, lorsque la « Société psychologique du mercredi » organisait des réunions chez lui, en soirée. Avec des élèves aussi brillants que Carl Gustav Jung, Sándor Ferenczi ou Karl Abraham, il avait décidé d'officialiser les rencontres et de créer la Société psychanalytique de Vienne.

Ses amies aussi s'y étaient affiliées. Sabina Spielrein, la patiente de Jung, Lou Andreas-Salomé, et Eugénie Sokolnicka qui avait été envoyée en France pour y enseigner la psychanalyse, et la pratiquer avec des écrivains aussi célèbres qu'André Gide et de futurs analystes comme René Laforgue. Et, bien entendu, la plus dévouée et la plus assidue de ses élèves, la princesse Marie Bonaparte.

Un jour, grâce aux dons d'un mécène, l'Internationaler Psychoanalytischer Verlag, la maison d'édition de Freud, avait été créée, avec l'Association psychanalytique internationale, dont Carl Gustav Jung était le président. Il y avait eu des congrès, des conférences, des réunions. Des nouvelles recrues et des disciples qui avaient essayé parfois de promouvoir leurs idées personnelles. Il y avait eu des combats, des dissensions, des démissions, et des exclusions, des amitiés passionnées, de grandes envolées, des progrès scientifiques, des communications étonnantes, des avancées dans la considération de l'âme humaine – et des déceptions.

Et toujours, ceux qui l'adulaient, et ceux qui le contestaient. Ceux qu'il aimait et ceux qui l'aimaient. Ceux qui l'avaient quitté, et ses fidèles d'entre les fidèles.

Il se souvient aussi du moment terrible où Jung avait été démis de ses fonctions lors du IVe Congrès. Comment imaginer qu'il serait un jour séduit par l'idéologie nazie ? Lui qui était le plus brillant de ses élèves, avec qui il avait passé des jours et des nuits à discuter, le plus créatif aussi, le plus ouvert aux idées nouvelles, comment avait-il pu adhérer à la barbarie ?

Après les premières phrases prononcées dans le silence le plus total, il y a un moment d'effroi. Parmi les visages remplis d'inquiétude, Freud reconnaît ses fidèles compagnons et il sent le réconfort de leur présence. Ils sont là. Ceux qui l'ont suivi dès la première heure, ceux qui se sont joints à lui en cours de route, et les derniers venus. Ceux qui ont cru en lui. Ceux qui ne l'ont jamais quitté. Ceux qui iront jusqu'au bout. Ceux qu'il ne reverra jamais.

Paul Federn, toujours prêt à le remplacer dans les instants difficiles où la maladie fait ses ravages. Près de lui se tient Eduard Hitschmann, l'ami de Paul, qui venait déjà du temps de la Société du mercredi. Lui aussi cherche à se réfugier à Londres. Tournant la tête du côté de ses enfants et de la jeune génération, il aperçoit leur amie très chère, Jeanne Lampl-de Groot, qui fait partie des élues qui ont reçu l'un des neuf anneaux distribués par le maître. Son mari assis à ses côtés, très aimé de toute la famille Freud, vient souvent chez eux, en raison de son amitié avec Martin. Non loin de lui, se trouve Heinz Hartmann, le psychiatre qu'il proposa d'analyser s'il consentait à rester à Vienne : l'un des chefs de file de la génération montante...

Toutes ces chères âmes et tant d'autres sur lesquelles il n'a pas le temps de s'appesantir, ses amis, ses élèves, ses disciples !

Et Sigmund Freud reprend la parole, dans la douleur de sa mâchoire en métal et la souffrance de son cœur. Il cherche les mots pour les convaincre et soudain, ceux qui lui apparaissent sont ceux qu'il a entendus dans sa famille, des générations de persécutés qui ont fui les pogroms. De ces mots qu'on croit appartenir au passé, et qui refont surface, sans qu'on les entende vraiment, et pour exprimer l'indicible. Les Juifs sont pourchassés. Pourquoi ? Parce qu'ils sont juifs. Comment le comprendre, d'un point de vue psychanalytique ? Et que faire, lorsque tout semble perdu ?

Un message lui vient à l'esprit. Il vient d'un autre temps, d'un autre pays, quelque chose de lointain et de proche, qui lui paraît familier. Et puisque Vienne les chasse, puisque son pays qu'il aime tant et auquel il a cru ne veut plus de lui, puisqu'il a été envahi par les nazis, et puisque l'horreur s'étale chaque jour devant eux, Freud, de sa voix vacillante, s'exprime ainsi, lorsqu'il s'adresse aux membres de l'Association dans le silence et la stupeur :

— Chers disciples, je n'ai pas besoin de vous décrire la situation dans laquelle se trouve la psychanalyse, vous avez tous pu constater que l'heure n'est plus à l'espérance d'une vie meilleure pour nous tous ici. Le bateau est en train de sombrer et je me rallie aux conseils de mon excellent ami Ernest Jones, en référence au malheureux Titanic. Ainsi donc, il faut vous sauver car il y va de votre survie.

« J'ai longtemps espéré que la ville qui a vu naître cette noble science du psychisme se redresserait en chassant l'occupant nazi mais je sais maintenant qu'il n'en est rien. C'est pourquoi je vous ai rassemblés ici. Pour vous dire que j'ai apprécié tous les moments passés avec vous. Et aussi pour vous annoncer qu'il est temps d'arrêter de nous voir.

« Mais avant tout, sachez une chose. Nous autres Juifs, nous avons toujours cherché à respecter les valeurs spirituelles. Nous avons préservé notre unité à travers des idées et c'est à elles que nous devons d'avoir survécu jusqu'à ce jour. Nous avons su vaincre la fatalité de la bestialité humaine qui s'est répandue sur nous au cours des siècles !

« Nous allons donc suivre l'exemple de Rabbi Yochanan ben Zakkai, le grand maître du Talmud qui a toujours été pour moi l'un des témoignages les plus significatifs de la geste de notre peuple. En effet, pendant que les Romains assiégeaient Jérusalem, cet enseignant se rendit auprès de Titus et obtint de lui l'autorisation d'ouvrir la première école où l'on transmettait l'interprétation de la Torah, à Yabnèh. À partir de ce moment, ce livre se transforma en patrie spirituelle du peuple dispersé.

« Et vous, chers amis, chers disciples, lorsque vous quitterez la ville, où que vous soyez dans votre exil, vous fonderez des sociétés chargées d'organiser des colloques internationaux autour de nos écrits. Vous organiserez des conférences et vous publierez des livres. Vous discuterez entre vous, vous vous réunirez, tout comme nous le faisons ici à Vienne. Ainsi, nous survivrons et la psychanalyse aussi ! Par-delà la mort, nous resterons vivants !

« Adieu mes chers et fidèles amis et que l'avenir vous soit favorable !

Freud considère son assistance avec émotion, puis son regard se tourne vers ses enfants, Martin, son fils aîné, et Anna qui essuie ses larmes. Que vont-ils devenir ?

Tout préoccupé par ses pensées, il ne voit pas qu'au fond de la salle, un homme isolé, que personne ne semble connaître, paraît très attentif à ce qui se déroule ce soir-là. Un homme d'une trentaine d'années, aux lunettes rondes et aux cheveux clairs, qui observe tout de ses yeux gris, les sourcils froncés, et qui se penche vers son voisin, Richard Sterba :

— Pourquoi vous êtes-vous fourvoyé avec ces Juifs ?

1.

— Puis-je avoir une tasse de thé ? demande Martin, le pistolet sur sa tempe.

L'homme qui le braque de son arme se retourne vers ses acolytes, l'air interrogateur. Il y a une discussion, qui porte sur la question du jeune homme. La réponse finit par être mise au vote. Finalement, ils décident de lui accorder ce qu'il demande, à condition toutefois qu'il fasse la vaisselle.

Martin sirote son breuvage, en observant ses adversaires. Son père aurait désapprouvé cette lubie de boire du thé au moment le plus incongru. Il n'aurait pas compris d'où venait ce sang-froid associé à une certaine fantaisie. Sans doute de sa mère, Martha, qu'il aime tant. Avec ses cheveux bruns et épais, ses yeux sombres et sa bouche charnue, il lui ressemble de manière frappante. Ne lui a-t-elle pas donné un prénom proche du sien ? Que deviendrait-elle s'il lui arrivait quoi que ce soit ? Puis il pense à son père, malade, qui doit l'attendre chez lui, à quelques numéros de là. Il tente de réfléchir, à toute vitesse.

L'individu qui le menace fait partie de ces vagabonds qui profitent de l'Anschluss et de la pagaille semée par l'arrivée des nazis depuis ce 12 mars 1938 pour piller les Juifs. Celui-ci est entré par effraction dans la maison d'édition de son père.

Martin, quant à lui, y est depuis tôt le matin afin de détruire les documents secrets du docteur Freud, qui ne doivent être trouvés à aucun prix par les nazis. Mais il a été interrompu dans sa mission par la découverte d'une lettre, adressée à son père, qui l'a plongé dans la plus grande perplexité. Il a commencé à la parcourir, en ayant conscience qu'il n'aurait pas dû le faire, que le paquet de lettres dans laquelle elle se trouvait avait été égaré – ou caché ? – parmi les documents bancaires, que son contenu ne le regardait pas. Cependant, il n'a pu s'empêcher de s'y attarder.

C'est alors que, par une étrange coïncidence, comme pour le punir, la bande de pillards est arrivée, et que l'homme a saisi son arme, qu'il pointe à présent vers son cœur.

Les nazis se sont emparés de la ville, cette ville si imposante avec ses rues ordonnées, ses bâtiments carrés, cette ville vibrante, riche en mémoire et en art et pourtant tellement vulnérable. La nuit est trouée de cris et de bruits de mitraillette. Chaque fois qu'il se rend chez son père, Martin aperçoit la croix gammée peinte sur la porte qui donne sur le 19, Berggasse, et les nazis postés sur le toit de l'immeuble. Depuis l'Anschluss, les lois antijuives ont été promulguées, les persécutions ont commencé, et leur ravage est aussi terrible que celui qui dévaste l'Allemagne. Les Juifs sont les victimes de voyous qui en profitent pour les persécuter et les dépouiller. On leur confisque leurs biens. On détruit les synagogues. On les expulse ou on les tue, sans qu'aucun pays ne se soulève contre l'envahisseur. L'émigration semble être la seule solution, pour ceux qui ne veulent pas mourir, mais elle est rendue presque impossible par les lois en vigueur.

Du premier étage, dans son vaste appartement rempli des trésors accumulés au cours des cinquante dernières années, Sigmund Freud reste, pensif, à observer ses innombrables statuettes, sans se décider à partir. Les nazis ont brûlé ses livres sur les découvertes de la psychanalyse avec les œuvres de Kafka, de Stefan Zweig, du « Juif Heine » comme ils l'appellent, et même de Karl Marx et de ses continuateurs. Ils ne se sont pas contentés de détruire les ouvrages qui restent à Vienne mais ils ont réussi à en faire revenir un plus grand nombre de Suisse où ils étaient censés être en sûreté. Non seulement ils les ont brûlés, mais ils lui ont fait payer la somme qu'a coûtée leur transport jusqu'à Vienne.

Cette haine, cette violence, qui les en aurait crus capables ? Les Viennois, qui ont ouvert leurs portes à de nombreuses populations étrangères, sont considérés comme les plus accueillants des peuples européens. L'empereur François-Joseph lui-même n'est-il pas intervenu pour déclarer : « Je ne tolérerai pas de chasse aux Juifs au sein de mon Empire. Je suis pleinement convaincu de la loyauté et de la fidélité des Israélites, ils pourront toujours compter sur ma protection » ? Mais cette sécurité est bien relative : même à l'université, les étudiants laissent éclater leur antisémitisme, depuis que le maire, Karl Lueger, a été élu. Ce « chrétien social », qui a vu sa nomination refusée à quatre reprises par l'empereur, dit ne pas en vouloir au « petit Juif sans fortune ». Il mène un combat contre l'oppression du grand capital, supposément détenu par les Juifs, qui comme les Rothschild, les Ephrussi, les Todesco, les Konigswater, les Gutmann, les Epstein, les Wertheim, les Schey de Koromla possédaient des palais sur le Ring, le fameux boulevard qui encercle la vieille ville de Vienne. Ceux qu'il appelle les « Bank Juden » s'employaient pourtant à faire resplendir la ville reconstruite par François-Joseph au-delà des remparts médiévaux.

Depuis qu'Hitler y a défilé en triomphateur, les nazis sont devenus les maîtres de la ville. Le dictateur est parvenu à son but : régner sur son pays natal, l'Autriche, qui l'a méprisé et où il n'a été qu'un peintre raté. Les partisans des nazis humilient les Juifs dans la rue. On se demande comment ils peuvent les distinguer, sinon parce qu'ils ont été reconnus par les vendeurs et les passants. Ils les traquent. Ils les obligent à gratter le sol avec de l'acide et des brosses à dents pour les contraindre à effacer toute trace laissée par les partisans de l'ancien régime.

Pendant une demi-seconde, Martin pense aux histoires racontées depuis des générations : en 1421, sous le duc d'Autriche Albert V, les Viennois, dans un soulèvement populaire, avaient tué de nombreux Juifs. Mus par une haine viscérale, ils les avaient emprisonnés, torturés, affamés, ils avaient pris les enfants pour les baptiser ou les vendre comme esclaves. Ceux qui restaient avaient trouvé refuge dans la synagogue, avant leur suicide collectif, au bout de trois jours de siège. La communauté était exsangue. Les ruines de l'édifice avaient été conservées, on ne sait par quel miracle, et témoignaient de ce désastre.

Et aujourd'hui, cela recommence. Que vont-ils devenir ? L'homme qui le tient en joue a l'air instable. Il suffit d'une provocation pour que le coup parte. Que ferait son père sans lui ? Les traits fins, la mâchoire déformée par ses opérations successives, le regard intense derrière les verres épais de ses lunettes, Sigmund Freud est un patriarche, fidèle à ses amis, ses collègues et disciples, et à sa famille. Il ne supporterait pas qu'on touche à un seul de ses cheveux.

De nombreux proches de son père viennent de partir, à Jérusalem, en Amérique ou en France, comme Oliver, son frère, et sa famille. Minna, sa tante, est en Angleterre avec l'amie d'Anna, Dorothy Burlingham et ses enfants ; sa sœur Mathilde et son mari s'y trouvent déjà.

Et lui, le fils aîné, est resté pour s'occuper de son père avec Anna, la cadette, alors qu'il aurait voulu quitter la ville une semaine plus tôt. Comme il regrette à présent de ne pas l'avoir fait ! Cette erreur va-t-elle lui coûter la vie ?

— Pourquoi ne pas s'en débarrasser ? dit l'homme à ses acolytes. Nous devrions le fusiller sur place.

Pendant un moment, il le regarde, et il est clair qu'il va mettre sa menace à exécution. Martin a toujours la lettre dans ses mains, et sa seule idée, alors même qu'il est tenu en joue, est de la sauver des mains de ces vandales. Il en a lu assez pour savoir qu'elle contient un secret. Un secret qui ne doit être révélé à aucun prix.

2.

Anton Sauerwald rajuste ses lunettes rondes, prend le paquet de feuilles que lui tend son secrétaire et le considère avec satisfaction : les documents importants du Verlag ont été récupérés par ses hommes.

Depuis qu'il a été nommé au poste de commissaire aux Affaires juives, une pile de dossiers l'attend sur un bureau. Il a quitté la faculté où il a obtenu son doctorat en chimie. À l'université de Vienne, il a été l'élève du professeur renommé Josef Herzig, dont il appréciait beaucoup les cours. Cependant, délaissant l'enseignement et la recherche, il a décidé de mettre son savoir au service du régime nazi, qu'il approvisionne également en bombes. Et il a réussi la gageure d'être l'expert de ses propres bombes auprès de la police viennoise, après qu'elles eurent explosé. Ce petit tour de passe-passe entre les nazis et les Viennois l'amuse beaucoup. Ainsi, il a l'impression de se jouer des administrations auxquelles il est subordonné. Son esprit d'analyse a décelé les failles du système et il en profite. Les Autrichiens, lorsqu'ils lui demandent d'expertiser les bombes, ignorent bien entendu qu'il en est le concepteur pour le compte des nazis, qui sont heureux de faire appel à son savoir-faire dans le domaine de la chimie. Cela satisfait ce besoin de travail et d'action qu'il ressent parfois. Il n'arrête jamais ; il construit, détruit, analyse et fait un rapport, qu'il soumet à ses supérieurs.

Avec ses cheveux fins et sa petite moustache, à trente-cinq ans, Anton Sauerwald paraît plus vieux que son âge, mais cela ne le dérange pas : il désire monter dans la hiérarchie du Reich, et pour cela, il est nécessaire qu'il inspire le respect. Il délaisse les dossiers en attente pour ouvrir celui qui l'intéresse entre tous car il contient les documents concernant le père de la psychanalyse, l'homme par qui le scandale a soufflé sur la ville de Vienne. Il se réjouit de compulser les volumes de comptes personnels et professionnels du célèbre professeur. Freud a fait la demande d'un *Unbedenklichkeitserklärung*, un certificat d'innocuité qui lui permettrait de quitter le pays. Mais les Allemands ont saisi sa maison d'édition et tous ses fonds. Depuis que les nazis ont limité la liberté financière des Juifs, tous leurs avoirs de plus de cinq mille reichsmarks doivent être déclarés. Par décret, ils sont « acquis illégalement », ce qui permet de récupérer l'argent pour les caisses du régime, avant d'assassiner les familles.

À présent, la Gestapo attend son verdict. En tant que responsable des avoirs de Sigmund Freud,

Sauerwald a pour mission de s'assurer que ceux-ci seront bien mis à la disposition des nazis. Sa tâche, en somme, est de trouver la faute afin d'extorquer de l'argent. Il ira jusqu'au bout. Méticuleux, sérieux et travailleur, il traite chaque dossier avec l'attention scientifique qu'il met dans ses travaux universitaires.

À travers les finances du docteur Sigmund Freud, Sauerwald sait que c'est sa destinée et celle de la psychanalyse qu'il contrôle, et il en retire une certaine satisfaction. Il se plonge dans le dossier avec impatience. Tout est là. La plupart des comptes, des documents officiels, des relevés bancaires, ainsi que des écrits et des lettres personnelles. Il apprend ainsi que le Verlag a été créé grâce à Anton von Freund, un industriel qui a financé l'*Internationaler Psychoanalytischer Verlag*. Joseph Storfer, journaliste et écrivain, en a assuré la direction entre 1925 et 1932. Trois périodiques furent publiés avec ses contributions personnelles, bien qu'il ne fût pas praticien de la psychanalyse. Eduardo Weiss, médecin austro-hongrois, lui succéda, avant d'émigrer en Italie, comme le montrait sa correspondance avec Freud. La société compte également Hans Sachs, le fidèle des fidèles, docteur en droit, qui fonda la revue *Imago* afin de faire connaître la pensée freudienne aux États-Unis lorsqu'il décida d'y émigrer en 1933.

Devant lui apparaît une petite entreprise internationale, qui ne cesse de grandir en nombre et en considération et de répandre ses idées à travers le monde. Une véritable peste, qui gagne chaque jour du terrain et que le Reich a décidé d'endiguer, à travers la personne de son créateur et représentant officiel, le docteur Sigmund Freud.

Quelques heures plus tard, après avoir épluché des dizaines de pages de comptabilité, Sauerwald ne peut réprimer un soupir de satisfaction. Il vient de découvrir que l'homme en question doit de l'argent à ses fournisseurs. Or les Juifs n'ont pas le droit de quitter l'Autriche avant que leurs sociétés aient payé toutes leurs dettes. Il comprend d'emblée que les Freud devront trouver des sommes considérables pour honorer celles du Verlag. Des sommes qu'ils n'ont pas, puisque leurs fonds ont été saisis. Ils sont tombés dans le piège du Reich, le cercle vicieux dans lequel se perdent tous les Juifs crédules.

Mais ce n'est pas tout. Il faut qu'il découvre la faute, la preuve irréfutable que le psychanalyste ne respecte pas la loi. Sauerwald esquisse un sourire en se lissant les cheveux. Son rapport sera précis et productif : avec cela, il pourra obtenir une promotion au parti nazi.

Tout ce qu'il a besoin de faire est de prouver l'existence de fonds envoyés dans des banques étrangères. Et nul n'ignore que ce genre de crime est puni de mort.

3.

Martha sursaute. La sonnerie, impérative, la fait bondir alors qu'elle s'apprête à préparer le déjeuner. Elle jette un regard à Paula Fichtl, l'employée de maison, qui va ouvrir la porte. Avec sa coiffure stricte, sa raie bien droite et son chignon, les yeux sombres, et le sourire effacé, Paula fait partie de ces femmes qui vouent leur vie à leurs maîtres. Elle a commencé à travailler chez Dorothy Burlingham, la patiente et l'amie de Freud et d'Anna, avant d'arriver chez eux, et cela fait bientôt dix ans qu'elle est à leur service, qu'elle reçoit les visiteurs, et suit la famille comme une ombre.

Elle a à peine le temps d'ouvrir la porte que deux SS entrent en la bousculant. Derrière eux se trouve Anton Sauerwald qui la considère, l'air désolé :

— Que peut-on attendre des Prussiens ? murmure-t-il, en désignant les nazis.

Martha se rend à pas menus dans le bureau où travaille son mari. Sigmund l'avertit d'un regard qu'il a compris. Son cœur se met à tambouriner dans sa poitrine, alors qu'ils entendent Sauerwald demander à Paula s'ils sont là. Freud sort en hâte la lettre du tiroir, et la place dans la poche de son pantalon.

Il fait quelques pas pour tenter de retrouver son calme et discipliner Lün qui s'est mise à aboyer avec nervosité. Il s'est pris d'affection pour les chiens depuis qu'Anna a acquis un berger allemand hors du commun qu'elle a baptisé Wolf. Celui-ci a bouleversé la famille lorsque, perdu au cours d'une promenade, il s'est fait raccompagner par un chauffeur de taxi jusque chez lui. Il s'était baissé pour lui montrer son collier, où étaient inscrits son nom et son adresse. Freud développa alors un lien d'amitié si fort avec ce chien qu'il suscita chez Anna une petite crise de jalousie. Puis il y eut Yofi qui restait avec lui pendant les séances dont elle annonçait la fin en bâillant ou en aboyant, telle une horloge, et enfin Lün, qui anime la maison de ses jappements intempestifs.

Freud s'arrête dans sa chambre, celle où il a vécu les moments heureux de sa vie. Trois de ses enfants y sont nés. Pendant l'hiver, il referme les portes de la véranda qui donne sur le jardin, où il aime sortir en été avec son épouse. Un petit salon la jouxte, ainsi que la salle de bains. Minna, la sœur de Martha, a eu pendant longtemps une chambre à côté de celle qu'il partage avec sa femme. Elle a fini par venir vivre dans leur appartement, après la mort de son fiancé qu'elle n'a jamais voulu trahir. Elle est arrivée l'année où Sigmund a perdu son père, un an après la naissance d'Anna, et elle est restée pour s'occuper de leurs six filles et garçons avec Martha. Pour eux, elle est comme une deuxième mère. Elle est très proche de Freud, qui aime disserter avec elle de ses théories, ou même lui faire des confidences. Elle est un vrai soutien pour sa sœur. Mais désormais la maison est vide de toutes ces voix qu'il a tant écoutées, qui l'ont inspiré, au point d'en faire son miel et son œuvre. Ses enfants qu'il a su observer comme personne, et dont l'âme est loin de l'innocence.

Mathilde s'est mariée, Sophie est partie pour Hambourg. Puis ce fut Oliver qui quitta la maison, pour s'installer à Berlin où il rencontra la fille d'un médecin réputé. Martin, le fils aîné, vit dans un appartement non loin de là avec son épouse et, enfin, Ernst s'est marié avec Lucie, leur belle-fille préférée, avec qui il a trois fils aux prénoms d'archanges. Il a eu besoin de ces chérubins pour se consoler de la disparition de sa fille Sophie et de son petit-fils tant aimé, Heinele, décédé de maladie à quatre ans.

Après le départ des enfants, les Freud ont arrangé les lieux pour combler le vide laissé par ceux qu'ils aiment. Les chambres de Martin, Oli et Ernst furent attribuées à Anna, pour y faire un bureau et une chambre à coucher. Minna hérita de la chambre d'Anna, avec un petit salon. Martin, qui habite à dix minutes à pied de ses parents, leur rend visite tous les dimanches avec ses enfants. Avocat, il travaille aussi pour la maison d'édition, tout près de chez eux, au 7, Berggasse.

Depuis qu'il a échappé par miracle à l'irruption des criminels au Verlag, il n'a de cesse de vouloir partir. Il leur a raconté cette scène effrayante pendant laquelle les bandits l'ont tenu en joue. Finalement, il en fut libéré grâce à des officiels nazis avertis par un voisin qui observait ce qui se passait depuis sa fenêtre, et qui ont chassé les profiteurs, tout en signifiant à Martin qu'ils l'avaient bien à l'œil.

Freud s'attarde dans la chambre de Martin. Lorsqu'il était encore là, il s'y arrêtait souvent pour bavarder avec lui. Malgré son tempérament parfois fantasque, et ses réactions à contre-courant, il lui a confié la gestion de ses affaires financières. Il lui a même attribué la comptabilité de sa maison d'édition. Mais il n'aime pas sa femme, Esti, qu'il juge cliniquement folle. Comment savoir si Martin a lu ces lettres qu'il a rapportées du Verlag, après l'aventure qui a failli lui coûter la vie ? Va-t-il en parler à Esti ? Il n'a pas osé le lui demander, lorsque son fils lui a tendu le paquet, avec cet air détaché qu'il arbore quand il est gêné. A-t-il vu la signature de Wilhelm Fliess ? La question est dérisoire. Dire qu'il vient d'échapper à la mort...

Il se dirige vers son bureau, près de la fenêtre où il a écrit tant de pages, cet endroit si confortable d'où il voit le côté cour de l'immeuble, avec ses marronniers et la niche qui abrite une fontaine, une vision sereine qui l'incite à la rêverie. Ce lieu de travail est proche de la pièce où il reçoit ses patients. De là, il peut apercevoir le divan recouvert d'un tapis aux couleurs chamarrées, sur lequel ils s'étendent pour livrer leur histoire, et aussi le fauteuil où il s'installe pour les écouter. Pour la décoration de son cabinet, il s'est inspiré de l'appartement de son maître, Jean-Martin Charcot, qu'il a connu lorsqu'il était étudiant à Paris. C'est là qu'il s'est intéressé aux Antiquités et aux tapis d'Orient, une passion qui ne l'a pas quitté.

Freud consacre beaucoup de temps à l'acquisition de statuettes, qui lui coûtent parfois très cher, comme un charmant vase grec du Dipylon, ou encore un alabastre de forme allongée pour liquide précieux qui date de 600 ans avant l'ère courante. Il les a fait expertiser auprès de ses amis comme Emmanuel Löwy ou Ernst Kris, son élève, conservateur au Vienna Kunsthistorisches Museum où il a ses entrées.

Dans les vitrines, il a exposé les statuettes venues de tous les coins du monde, certaines offertes par des amis chers à son cœur, d'autres achetées à Vienne chez l'antiquaire Robert Lustig ou acquises au gré de ses voyages, après d'âpres négociations.

Sur son bureau, trônent les dieux de l'Égypte ancienne, qu'il adorait étudier lorsqu'il était enfant, avec plusieurs représentations d'Osiris, et l'Éros de Myrina privé de sa lyre, une terracotta du second siècle avant notre ère. Les Jades, offerts par Ernst pour son cinquante-troisième anniversaire, sont disposés près d'un splendide vase chinois aux motifs mystérieux.

Ces objets vivants, qui racontent chacun une histoire, symbolisent le lien fort que Freud aime à entretenir avec ceux qui croisent son chemin. Les statuettes s'accumulent dans ses vitrines et participent même aux dîners familiaux. Avec les patients, elles établissent un dialogue, pour initier l'échange avec le psychanalyste, où l'un doit se livrer tout à fait, et l'autre, surtout ne rien dire de lui, afin de permettre le transfert. Elles sont un moyen pour l'analyste d'expliquer à ses visiteurs l'élaboration de l'inconscient qui dévoile le passé sous le présent. La clé du psychisme, leur expose-t-il, se trouve dans l'enquête sur les origines. Il en va de même pour l'histoire de l'humanité à travers l'archéologie. Tel l'archéologue, le psychanalyste creuse dans l'âme du patient pour y révéler toutes les strates de sa vie passée : psychanalyse et archéologie sont bien les deux faces d'une même discipline.

Freud pousse un soupir et s'installe pendant un moment sur son cher divan. Sa patiente, madame Benvenisti, le lui a offert en 1891, l'année où naquit

Oli, son troisième enfant. Depuis, il oriente la pièce, et la polarise : il est devenu le centre de sa vie. L'ambiance intimiste et chaleureuse est propice à la confidence, avec les bibliothèques aux livres anciens, reliés avec soin. Il sort alors la lettre de sa poche et se demande à nouveau avec inquiétude si Martin l'a lue. Il s'en veut de se poser la question. Mais personne d'autre que lui ne doit la voir. Comment faire pour la dissimuler aux yeux des nazis ? Ce ne sont pas les endroits qui manquent. Les photos de ses parents, de sa famille, de ses proches collaborateurs, de ses amis ou de ses maîtres garnissent les murs et les petites tables placées un peu partout. Les tapis, les tentures autour des fenêtres, tous les objets qu'il aime vont-ils être ravagés par ces sauvages ?

Soudain, il se rappelle le rêve qu'il a fait long-temps auparavant concernant son ami, Wilhelm Fliess. Freud montait l'escalier déshabillé, sans avoir mis de faux col. Surpris par une domestique, il eut honte et il voulut partir, mais il se sentit immobilisé, comme collé aux marches, sans pouvoir faire un mouvement. En interprétant ces éléments, il les avait reliés aux réticences qu'il commençait à avoir à révé-ler à son ami ses secrets les plus intimes, lorsque, par un pacte implicite, ils avaient décidé de tout se dire, et de braver les tabous de la société. Pour quelle raison ce rêve a-t-il traversé son esprit à présent, en regardant la lettre qu'il a reçue de lui ? Cette lettre le laisse-t-elle à nu aux yeux de tous ?

Il regagne le grand salon, près de la fenêtre centrale. Il relève les rideaux de dentelle qui l'ornent pour observer cette barbarie qu'il croyait ne jamais voir en ce pays civilisé. Puis il se dirige vers l'entrée où les trois hommes l'attendent, vêtus de l'uniforme SS, avec Martha et Paula.

— Bonjour, docteur Freud, dit l'homme aux lunettes rondes. Je me présente. Professeur Anton Sauerwald. Nous allons devoir procéder à une fouille, mais sans brusquerie s'il vous plaît, ajoute-t-il en jetant un regard à ses acolytes.

— Nous n'avons pas l'habitude de laisser nos invités debout, dit Martha, d'un ton calme. Venez donc prendre place dans le salon.

Freud ne dit rien, mais observe son épouse, surpris par son sang-froid. Quelle femme ! Ses cheveux gris foncé tenus par un chignon, ses yeux sombres sous ses sourcils froncés, son nez prononcé donnent du caractère à son visage de matrone indignée.

Il met la main dans sa poche pour vérifier que la lettre est là. Il s'aperçoit qu'il tremble et tente de le cacher.

— Nous avons du liquide ici. Si vous voulez bien vous servir, messieurs, ajoute Martha, en désignant une petite boîte en bois posée sur la cheminée.

L'un des trois hommes se lève et ouvre le coffre, dans lequel il plonge la main. Il en sort une liasse de billets. Six mille reichsmarks. Une somme considérable pour Sigmund, qui tente de rester flegmatique devant cette injustice, malgré la colère qui le gagne.

— Eh bien, murmure-t-il, je n'ai jamais pris autant pour une consultation.

Les nazis restent chez les Freud pendant un moment qui paraît être une éternité. Alors que Sauerwald s'attarde dans le bureau, où il examine les statues et les livres, les tableaux et les moindres objets, les deux autres se mettent à fouiller l'appartement de fond en comble, à ouvrir les tiroirs, les placards, prennent les papiers, y compris les paquets de lettres que Freud a reçues de ses nombreux correspondants et amis.

Il tente de se donner une contenance, mais il a envie de leur dire ce qu'il pense d'eux. Martha est outrée que des mains barbares viennent saccager l'ordre impeccable de ses armoires où sont disposés les linges et les draps.

Freud sait qu'ils peuvent être emmenés, que Sauerwald est là pour cela. Que rien ne l'empêchera de le faire, si c'est sa décision. Derrière son masque impavide, le nazi inspecte chaque détail, avec l'ombre d'un rictus, tel un félin en train de jouer avec sa proie.

4.

Dans l'âtre se trouvent les derniers morceaux de la lettre, consumée par le feu. Freud pousse un soupir de soulagement, en pensant que Sauerwald aurait pu la trouver et la prendre, avec d'autres documents qu'il a emportés. À présent, il faut qu'il remette la main sur les autres, les siennes, celles qu'il a envoyées à son correspondant, et dont la lettre brûlée est la réponse.

Freud ferme les yeux, pour chasser l'angoisse. Devant Sauerwald, Martha a fait preuve d'un courage remarquable. Comme elle, il l'a regardé d'un air digne, jusqu'à ce que le nazi prenne la décision de partir. Puis, lorsqu'il a refermé la porte, Freud s'est affalé dans son fauteuil, livide. Comme il aimerait partir en vacances au grand air, songe-t-il, ainsi qu'il avait l'habitude de le faire lors de ses séjours à Freiberg, à la montagne ou dans le Tyrol, près des lacs et des paysages de verdure. Que ne donnerait-il pour pouvoir retourner ne serait-ce qu'un jour dans ces résidences d'été, à Grinzing, à Schneewinkel près de

Berchtesgaden où ils aimaient à accueillir leurs amis et où ils s'adonnaient à la « chasse aux champignons » avec les enfants. Et ces longues promenades où ils parlaient de tout et de rien, en famille, où ils riaient de leurs jeux de mots, cultivant cet esprit caustique qu'il affectionnait par-dessus tout.

La princesse Marie Bonaparte était venue très souvent les voir dans ces belles demeures louées pour les vacances. Elle en avait profité pour entreprendre quelques tranches d'analyse mais aussi pour se lier d'amitié avec Martha, Minna, Anna et tous ceux qui entouraient son maître, enfants, petits-enfants et amis chers à son cœur.

Il se rappelle avec émotion sa résidence de l'été 1930 à Grundlsee près de Bad Ischl, quand le docteur Michel, conseiller de la ville de Francfort, lui fit remettre par l'intermédiaire d'Anna le prix Goethe avec un chèque de dix mille reichsmarks – qu'il consacra en grande partie à l'achat de ses trésors antiques. Et la villa Schüler au Semmering qu'il habita avec sa famille, ainsi que Dorothy Burlingham et ses quatre enfants. Située sur la ligne de chemin de fer de Vienne à Trieste, ils y résidèrent lorsque le cancer l'obligea à consulter chaque semaine son chirurgien, pour rendre plus supportable la prothèse qu'il lui avait placée. Des moments de répit dans des temps difficiles.

Les périodes estivales étaient suivies en septembre par des voyages plus lointains. À plusieurs reprises, muni de son guide touristique, son indispensable Baedeker, il visita l'Italie, avec son frère Alexander ou avec Minna. Son dernier voyage à Rome fut pour accomplir une promesse à sa chère Anna, car les souffrances causées par son « monstre » de mâchoire en métal lui enlevaient l'envie de se déplacer. Heureusement, il avait visité la Grèce lorsqu'il était encore en forme, avec Alexander, auteur d'un index général des gares de chemin de fer qui leur servait de viatique. Lorsqu'ils avaient visité l'Acropole, il avait éprouvé comme un regret par rapport à son père qui n'avait pas pu profiter de ce genre de périple parce qu'il avait interrompu ses études secondaires et qu'il n'avait jamais pu sortir de la pauvreté. Le sentiment de mépris avait remplacé la surestimation infantile, comme si quelque chose le poussait à aller plus loin que son père et comme s'il était toujours interdit que le père fût surpassé.

Puis il ouvre les yeux et son sourire se fige lorsqu'il entend à nouveau les bruits de la rue. Ils s'imposent à ses oreilles alors même qu'il est dans son cabinet au travail et qu'il aurait voulu les ignorer. Les quotidiens relatent les pires horreurs infligées aux Juifs qui osent se montrer dans les larges avenues, les parcs et autres endroits publics qui désormais leur sont interdits. Ils doivent se terrer dans leur logis où le gaz a été coupé de peur qu'ils ne se suicident, car on ne veut pas de trouble à l'ordre public. Il vaut mieux les tuer sous les coups, les assassiner par balles tirées par les SS qui surveillent le Ring – ou encore les transporter vers une destination inconnue.

Il y a bien longtemps, son père l'avait emmené se promener au Prater. Le parc immense se trouvait près de leur domicile situé dans le ghetto formé à Leopoldstadt par les nouveaux immigrants qui arrivaient comme eux d'Europe de l'Est. L'empereur Joseph II leur avait réservé cet endroit de l'autre côté du Danube pour éviter qu'ils ne se mélangent à la population huppée des beaux quartiers. C'est là que son père lui avait raconté son agression, lorsqu'ils vivaient encore à Freiberg. Un homme avait pris et jeté son Schtreimel, le chapeau caractéristique des Juifs d'Europe orientale, dans le caniveau : « Eh ! toi le Juif, descends donc du trottoir ! » Lorsque Sigmund avait demandé à son père quelle avait été sa réaction, celui-ci lui répondit qu'il s'était exécuté – ce qui avait choqué le jeune garçon qu'il était. En lui narrant l'incident, son père voulait lui dire combien il était heureux que lui, Sigmund, n'ait plus à lutter contre ce genre d'attaque à présent. Mais le fils s'était révolté contre l'attitude du père, qu'il ne comprenait pas. Même s'il avait vécu sans heurt avec ses coreligionnaires dans la très longue et très animée Taborstrasse, il en avait gardé comme un goût amer, en même temps qu'une volonté d'émancipation. Il voulait montrer qu'un Juif pouvait égaler, sinon surpasser les autres. Dans un train, lorsqu'il s'était fait traiter de « sale Juif » lors d'un conflit avec un voyageur qui avait décidé de fermer la fenêtre, il avait montré qu'il n'avait pas peur. Il ne voulait pas quitter les lieux. Il était prêt à assommer l'homme qui l'avait insulté.

Ce n'est donc pas un hasard s'il s'est donné pour dernière mission de comprendre Moïse. Il pense que son peuple est devenu vaillant et combatif à force d'avoir à se défendre, de résister aux pogroms aussi soudains que sauvages, et de lutter pour sa reconnaissance et sa valeur. Les nations et les souffrances l'ont poussé à mener une introspection que nul autre n'a été en mesure de développer. C'est ce qui attache le patriarche qu'il est devenu à ses origines. Même s'il n'est pas pratiquant, même si ses parents étaient en faveur de l'assimilation et que lui-même s'est toujours défini comme un Juif athée, même s'il est en désaccord avec sa chère Martha qui aurait voulu introduire dans leur foyer ces pratiques qu'il jugeait d'un autre âge, il reste proche de son peuple. Lui qui a défié toutes les lois du judaïsme, depuis l'allumage des bougies de Chabbat par son épouse, l'observance de la cacherout, jusqu'au respect du jeûne de Yom Kippour et du rite de la circoncision, il se dit juif. Ses fils n'ont pas été circoncis bien que lui, fils de Jakob et d'Amalia, il n'y eût pas échappé, une circoncision faite dans les règles de l'art, à l'âge de huit jours, le 13 mai 1856, par Samson Frankel. On lui a alors donné le prénom de Shlomo. Pourquoi Shlomo ? En référence au roi Salomon connu pour sa sagesse et son amour de la paix, et aussi à son grand-père qui était un rabbin de Tysmenitz en Galicie tout comme le grand-père de Martha, Isaac Bernays, en charge, lui, de toute une communauté à Hambourg. Bien sûr, il ne possédait pas l'érudition de son grand-père, transmise à son fils Jakob. Nourri d'une culture germanique et méditerranéenne à la fois, il a opté, comme beaucoup de ses concitoyens, pour un athéisme éclairé. Mais, au soir de sa vie, avec le regain des persécutions, le retour à la quête biblique s'impose à lui comme une évidence.

Il s'appelle Shlomo mais ses parents lui ont aussi donné le nom de Sigismund, qu'il a changé en Sigmund à l'âge de vingt-deux ans. Il avait préféré alors ce nom d'origine scandinave signifiant protection et victoire, même si sa mère l'avait joliment raccourci en Sigi, son « Sigi-en-or », lui, son enfant préféré. Il avait toujours détesté porter le nom de cet empereur germanique chrétien qui avait laissé brûler le dissident Jean Huss, mais qui protégeait les Juifs. Était-ce pour cette raison que ses parents l'avaient nommé ainsi ? Ainsi, lui-même avait-il choisi les noms de ses enfants en fonction des événements de sa vie et des personnes qui l'avaient marqué. Il avait appelé son aîné Jean-Martin, en souvenir du professeur Charcot qu'il avait tellement admiré à la Salpêtrière quand il soignait les femmes hystériques. Son second fils, Oliver, était nommé en hommage à Cromwell, le révolutionnaire protecteur des Juifs. Le plus jeune, Ernst, avait pris le nom de Brücke, son professeur de physiologie, qui l'avait apprécié au point de lui confier des responsabilités d'enseignant à l'université alors qu'il n'était qu'un jeune étudiant. Quant à ses filles, il leur avait choisi des prénoms parmi les amies juives de la famille. Mathilde, le nom de son aînée, faisait référence à une personne qu'il appréciait beaucoup, la femme du médecin spécialiste de l'hystérie, Joseph Breuer. À l'époque il considérait comme son maître et ami celui qui l'avait aidé lors de ses débuts difficiles. Sophie était le prénom de la nièce de son vénéré professeur en judaïsme, Samuel Hammerschlag, dont il disait qu'il était « habité de la même flamme qui animait l'esprit des grands voyants et prophètes juifs ». Anna – Hanna en hébreu –, sa benjamine, rendait hommage à la fille de ce maître, qui fut une de ses patientes préférées. Ainsi les rencontres devaient-elles laisser leur trace, mieux qu'une évocation quelconque d'ancêtres qu'ils n'auraient pas connus ni appréciés, disparus dans la nuit des temps. En choisissant des prénoms de contemporains qui l'avaient influencé, il pouvait mieux s'identifier à eux, ainsi que ses enfants. Mais ce n'était pas tout. Une signification secrète s'était glissée dans l'ensemble des initiales (Martin ou Mathilde, Oliver, Sophie, Hanna et Ernst) qui composaient « MOSHÉ » : le nom hébreu du prophète Moïse. Et son devoir à présent, comme il se plaisait à le dire, était de sortir ses élèves de cette Autriche-Égypte, et de sauver la psychanalyse en perdition dans les pays germaniques. Au nom de la science, il ne pouvait renoncer à dire ce qu'il pensait. Il désirait lutter pour une conception temporelle de la vie, et pour le dépassement de la pensée magique.

Son père, lui, se demandait comment concilier la bonté de Dieu pour ses coreligionnaires avec leurs souffrances au milieu des nations. Il avait vécu dans la misère à Leipzig avant d'en être chassé. Pendant cinq ans, les Freud déménagèrent à plusieurs reprises pour s'installer enfin, alors que Sigmund avait neuf ans, dans le quartier de la Pfeffergasse. Et lui, Freud, redoutait plus que tout au monde cette « pauvreté sans espoir », comme il l'appelait, qui était le lot des immigrants juifs venus des pays de l'Est, ce qui lui donnait un sentiment d'insécurité constant, un besoin de se sentir à l'abri et un désir de réussite.

Même si sa langue maternelle est l'allemand, même si sa culture, les études qu'il a faites sont germaniques et qu'intellectuellement, il se considère comme tel, depuis le jour où il a pris conscience de la vague de préjugés antisémites en Europe, il a préféré dire qu'il était juif. Il déclarait à ses coreligionnaires qui lui écrivaient des lettres pour solliciter son adhésion à des associations juives, qu'il reconnaissait ses origines avec joie et fierté, bien que son attitude à l'égard de toute religion y compris la sienne fût l'aboutissement d'un *refus critique*. L'ultime fondement des religions était imputable, pour lui, à la détresse infantile de l'homme. Dieu était souvent le représentant du père ou de l'instance tutélaire. On voyait trop les adeptes d'une religion massacrer ceux qu'ils pensent être des mécréants. À présent, il constatait que les disciples d'Hitler agissaient avec la même violence car ils considéraient leur chef comme une idole et lui conféraient un pouvoir qu'il n'aurait jamais dû avoir. Dans son livre sur Moïse, figure emblématique du peuple juif, il voulait montrer qu'il fallait casser les idoles pour libérer l'humanité de son fanatisme, de ses certitudes et de sa violence en la débarrassant de certains rituels qu'il assimilait à des superstitions.

Son appartenance à la Loge « Vienne » du B'nai B'rith, les « Fils de l'Alliance », une association juive qui défendait les idées libérales en même temps que l'unité et la solidarité du peuple juif, lui apporta quelque consolation au milieu de son isolement. Lors d'une réunion, il y affirma : « Le fait que vous soyez vous-mêmes juifs ne pouvait que me plaire car je suis moi-même juif et le nier m'a toujours semblé indigne, et franchement insensé. »

En plus des coreligionnaires du B'nai B'rith, Freud aimait à rencontrer ses collègues et amis comme le docteur Oscar Rie, le pédiatre de ses enfants. Il pouvait tout partager avec eux puisqu'ils étaient restés en marge de la psychanalyse. Il aimait jouer au jeu de tarot tous les samedis soir après son cours de deux heures à l'auditorium de la clinique psychiatrique de l'Hôpital général. Les parties de cartes étaient animées. Ce jeu très prenant lui permettait de se détendre après la tension engendrée par le travail avec ses patients, son effort constant d'écriture et d'enseignement, et ses soucis concernant sa famille.

Ces souvenirs heureux lui reviennent en mémoire alors que la plupart de ses proches sont partis ou ne sont plus de ce monde et que leurs enfants ont fui devant les persécutions de leurs concitoyens, lorsqu'une main impérieuse vient frapper à la porte et le tirer de sa rêverie.

5.

Marie Bonaparte entre dans le bureau du docteur Freud d'un pas assuré, et s'installe sur le divan. Vêtue d'une robe seyante, agrémentée d'un sautoir de perles précieuses légué par sa « Petite maman », elle diffuse une séduction étrange et vénéneuse. Sa figure ronde, encadrée de ses cheveux crantés, lui donne un charme juvénile. Il aime entendre sa voix, respirer le sillage de son parfum, et pénétrer les arcanes de ce psychisme tourmenté.

— Docteur Freud, je dois vous parler, dit-elle, en enlevant ses gants blancs. C'est extrêmement urgent.

— Je vous écoute.

— Cette fois, il ne s'agit pas de moi. Mais de vous. J'ai des informations précises sur Sauerwald, cet Autrichien qui est missionné par les nazis pour prendre en charge votre dossier. Vous devez vous enfuir. Vous n'avez plus une minute à perdre.

Freud prend place dans son fauteuil, installé derrière celle qui lui tourne le dos, couchée sur son divan, selon le principe de la séance d'analyse. Il l'a instauré pour éviter la tension trop forte du face-à-face avec le grand nombre de patients qui se succèdent dans une même journée. Tant de détresses déposées sur le tapis de son divan. Tant de problèmes qu'il a faits siens. Tant d'enquêtes résolues par lui-même, Sherlock Holmes de l'âme humaine, ainsi qu'il aime à le dire, et d'autres aussi dont il n'a pas trouvé la solution. Tant de secrets murmurés à son oreille qui écoute les discours plus que les faits, selon le principe de l'attention flottante, et de larmes versées par les femmes à l'évocation des traumatismes de leur enfance. Tant d'angoisse, dans le genre humain. De névroses, de psychoses, de dépressions, d'inhibitions, de maladies de l'âme dues à la méconnaissance de celle-ci. À la fin de la journée, il se sent fatigué, envahi de toutes ces confidences.

Marie Bonaparte lui parle de sa voix mélodieuse. Elle est revenue de Paris afin de le convaincre de quitter Vienne. Elle s'est installée à l'Ambassade de Grèce, ainsi qu'elle l'a promis à son mari : l'hôtel Bristol où elle avait l'habitude de séjourner avec Solange, sa femme de chambre, quand elle venait pour ses séances d'analyse, n'est plus sûr en cette période troublée. Elle y a laissé le souvenir des moments inoubliables où elle se délestait de ses angoisses de petite fille. Le luxe de ses chambres et de ses salons n'était pas pour lui déplaire. Sa situation centrale lui permettait d'aller au Staatsoper juste en face pour assister à des concerts ou des opéras si elle le souhaitait. Mais la plupart du temps, elle restait seule, quand elle ne voyait pas son analyste. Cela lui donnait un sentiment de liberté qui lui était vital, tant elle en avait manqué, avant de commencer sa thérapie avec le docteur Freud.

Elle tourne la tête pour lui sourire et lui tendre la main, mais il ne la prend pas. Il se refuse depuis toujours le droit de transgresser la stricte déontologie qu'il s'est imposée. Depuis qu'il a compris que ses patientes projettent toutes sortes de sentiments sur lui, y compris l'amour, il a adopté la règle de la neutralité bienveillante, qui permet de maintenir la bonne distance entre elles et lui lors de ce transfert. Ce n'est pas toujours simple. Même s'il reste humain et compréhensif, il lui faut être assez ferme et assez fort pour repousser les avances, parfois pressantes, de certaines de ces femmes qui tombent amoureuses de lui par le processus analytique. À l'inverse de son disciple et ex-ami Carl Gustav Jung, il a compris très vite qu'il ne pouvait pas profiter de la situation pour se jeter dans la relation amoureuse qu'elles lui proposaient.

Freud observe sa patiente, de ses yeux perçants et doux, comme s'il l'examinait. Il se rappelle une scène qui s'est passée dix ans plus tôt : elle avait ouvert son chemisier, dégrafé son soutien-gorge, et s'était retrouvée, torse nu, devant son analyste qui la regardait. Elle était restée ainsi, un moment, dans son air de défi. Lui, devant elle, qui la regardait, interdit, comme saisi sur son siège. Ce n'était pas la première fois qu'il avait affaire à une femme qui tentait de le séduire dans son cabinet, mais la noblesse naturelle de la princesse, son maintien, sa distinction jusque dans son abandon à lui en ce moment où elle était si vulnérable l'avaient boule-versé. Elle cherchait, plus que son approbation, son désir. Et lui résistait, du plus profond de lui, pour garder cette sacro-sainte neutralité. Mais elle avait besoin de savoir qu'il la regardait aussi comme une femme et la neutralité lui était insupportable – puisqu'elle avait un besoin irrépressible de séduire, et de se sentir désirée.

C'est ainsi que, pendant plusieurs minutes, ils étaient restés figés l'un et l'autre, comme hypnotisés par son geste. Elle ne s'adressait plus à l'analyste, mais à l'homme. À travers l'homme en lui, c'était aux hommes, à tous les hommes de sa vie, et à tra-vers ces hommes, c'était l'Homme qu'elle recher-chait. Celui qu'elle n'avait pas connu, dans son enfance dure et privée de sentiments. Et c'était aussi elle-même qu'elle voulait convaincre.

Cela avait duré une infinité durant laquelle le docteur Freud n'était ni impassible ni gêné. Dans son regard brillait une bienveillance, une attention dénuée de jugement, et tellement désincarnée de chair et remplie d'affection qu'elle en devenait proprement humaine. Alors, Marie s'était rhabillée, et s'était couchée à nouveau sur le divan.

Il en a connu beaucoup, de ces femmes qui venaient chercher la guérison auprès de lui et il est devenu, par la force des choses, très proche de certaines d'entre elles. Beaucoup de ses patientes sont maintenant ses amies et celles de sa famille.

Tel Moïse, il vit entouré des celles qui l'ont sauvé et lui permettent de vivre.

Sa mère Amalia n'est-elle pas comme Yokheved, la mère du prophète ? Même si elle était plus jeune que celle-ci lorsqu'elle lui a donné naissance, elle l'a porté et choyé entre tous. Elle parlait un allemand très imparfait mêlé de yiddish, qui lui rappelait ses origines. Il lui rendait visite, ainsi qu'à ses sœurs et à son jeune frère Alex tous les dimanches, à Noël, pour célébrer le jour de l'an, ainsi qu'à la fête de Pessah.

Et Martha, mère de ses enfants, fidèle épouse, gardienne du foyer, qui ne le juge jamais, reste son alliée en toutes circonstances. Martha qui lui a donné confiance en lui, et sans qui il n'aurait jamais pu devenir celui qu'il était.

Et sa belle-sœur Minna, avec laquelle il entretient une relation si proche qu'elle en est trouble. Il parle beaucoup avec elle – il pense qu'elle aurait dû devenir psychanalyste. Il aimait aussi voyager avec elle, quand Martha préférait rester à la maison, pour s'occuper des enfants.

Bertha Pappenheim, l'amie de Martha, alias Anna O., qu'il a tenté de soigner avec Joseph Breuer, lui a ouvert les portes de la psychothérapie. Ida Bauer, alias Dora, Emma Eckstein, alias Irma – restée à ses côtés malgré ses erreurs.

Puis Olga Hoenig, la mère du petit Hans.

Et toutes celles qui lui ont témoigné une affection solide et constructive : Lou Andreas-Salomé, l'intellectuelle la plus séduisante d'Europe, qui est, plus qu'un soutien précieux pour la psychanalyse, une amie véritable avec laquelle il aimait échanger des idées au cours de promenades ou chez lui, jusque fort tard dans la nuit. Lou qui allait même jusqu'à l'écouter et le psychanalyser, qu'il a aidée quand elle fut dans le besoin après la guerre et à laquelle il a donné l'anneau d'or avec entaille offert seulement aux fidèles.

Il y en a bien d'autres encore : Eugénie Sokolnicka, l'analyste de son disciple Rudolph Loewenstein, de René Laforgue, et même d'André Gide. Jeanne Lampl-de Groot, Karen Horney, Joan Riviere puis Ruth Mack Brunswick d'une fidélité jalouse, principale rivale de Marie. Hilda Doolittle, qui se compare sans cesse à Marie en lui enviant sa situation mondaine et ses dons intellectuels, et qui ne manque jamais de lui offrir un bouquet de gardénias, ses fleurs préférées, pour ses anniversaires. Elle est la seule de ses patientes à avoir été attirée par sa collection de statuettes avant de s'intéresser à lui. Helene Rosenbach, femme du docteur Félix Deutsch, le médecin personnel de Freud, qui le soigna lors des premières atteintes de son cancer de la mâchoire.

Personne ne les avait connues dans leur intimité profonde et sauvage, personne ne les avait autant écoutées, comprises, et aimées. Il avait commencé par elles et avec elles : ses patientes hystériques dont il avait soulagé la souffrance après avoir eu le privilège de se former auprès de Charcot et Bernheim, grâce auxquels il découvrit la psychopathologie, lui le chercheur de laboratoire de physiologie animale. Le médecin mulhousien, qui utilisait l'hypnose avec plus de rigueur que son confrère, s'en servait comme moyen de suggestion susceptible d'être utilisé dans les soins des patients. C'est ainsi qu'était née l'idée du transfert, lors de l'échec de Breuer avec Anna O. Renonçant à pratiquer l'hypnose, Freud s'était tourné vers l'évocation des fantasmes anciens, grâce à l'analyste qui représente les personnes importantes de la vie du sujet.

Ces femmes se tordaient de douleur sans que l'on sache pourquoi. Elles traduisaient dans leurs corps le mal à l'âme. Elles restaient prostrées, ou elles hurlaient, elles ne pouvaient plus bouger un membre pour des raisons inconnues.

Toutes ces femmes lui rappelaient ses sœurs, bien sûr, ses cinq sœurs, qu'il aimait tant. Dolfi qui s'appelait en réalité Esther Adolphine, était la seule à être restée célibataire, occupée par les soins qu'elle avait prodigués à leur mère. Pauline Régina, la plus jeune et la plus jolie, avait tenté d'émigrer aux États-Unis avec sa fille après la mort de son mari, mais elle en était partie car sa fille, qui avait développé une maladie mentale grave, était revenue à Vienne pour y être internée. Mitzi, la troisième, avait épousé un de leurs lointains cousins de Budapest du nom de Freud également. Il n'avait jamais eu trop d'estime pour lui. Mais il fallait reconnaître que leurs enfants étaient brillants. Ils furent presque tous frappés par le malheur qui s'était abattu sur les membres de la famille.

Et puis il y avait Rosa, sa chère Rosa, sa sœur préférée, qui avait habité quelque temps au 19, Berggasse, sur le même palier. Elle non plus n'avait pas été épargnée par la vie. Après le décès de son mari, elle avait perdu ses deux enfants : son fils à la guerre, et sa fille s'était suicidée.

Ces femmes qu'il aurait voulu sauver. Sauver de quoi ? De cette condition féminine qui les conduisait à être dominées par leur père omnipotent puis par leur mari. Alors, il avait pris fait et cause pour elles, il les avait écoutées en interprétant leur malêtre. Il avait montré que l'hystérie n'était pas un signe de diabolisme, mais le résultat de traumatismes sexuels, infligés dans la petite enfance par des hommes – pères, frères ou connaissances. Et ce faisant, il avait disculpé les femmes. Il leur avait rendu leur honneur, leur valeur, leur dignité. Il avait écouté et compris leur détresse et il avait cherché un moyen pour les apaiser. Il leur avait redonné l'espoir d'une vie possible malgré leur traumatisme, d'une vie meilleure.

Mais la princesse, comme il l'appelle, n'est pas comme les autres. Au début, il avait refusé de la recevoir. Il n'avait pas le temps de prendre de nouvelles patientes, il préférait se consacrer à ses recherches et à son œuvre. Il avait tellement de choses importantes à dire, à écrire.

À près de soixante-dix ans, il se sentait fatigué, usé par la maladie et les chagrins. Seule la psychanalyse, cette *terra incognita* qui s'était ouverte à lui, le tenait encore en vie car, chaque jour, il en découvrait un peu plus l'étendue, tel un explorateur de son propre pays. La révélation de l'inconscient l'avait emmené sur le terrain de l'ethnologie, de l'histoire du monde, de la critique littéraire et artistique et, depuis peu, le confrontait à une autre saga, celle de son peuple. À présent, c'est Marie qui s'occupe de son œuvre et de la transmission de ses idées. Un lien très fort la rattache au vieil homme : ce lien si particulier, créé par l'analyse, à celui qui sait, qui entend, à qui l'on doit tout dire, y compris ce qu'on ne confie pas à ses plus proches parents, amis ou conjoints. Celui qui ne juge pas, selon le principe de la neutralité bienveillante. Cette relation a évolué, de la séduction avortée, vers le transfert et l'amitié : elle a sublimé son amour et son désir dans le soin qu'elle prend de lui – comme une fille avec un père bien-aimé.

6.

Marie Bonaparte était arrivée à son cabinet un matin d'automne, le 30 septembre 1925. L'œil sombre, le cheveu cranté, les traits fins et harmonieux, soulignés par son maquillage, le corps droit comme un I, enveloppée d'un châle et d'un halo de parfum. Au premier regard, étonné par son étrange beauté et son maintien, il fut intimidé. Marie était l'épouse du prince Georges de Grèce et de Danemark, et la dernière héritière des Bonaparte.

— Cher professeur… avait-elle commencé, avant de prendre place devant son bureau, en face de lui. Je ne sais comment vous remercier d'avoir accepté de me recevoir. Je n'ignore pas à quel point vous êtes occupé et aussi combien je suis privilégiée d'avoir pu retenir votre attention.

« Je vous ai sollicité afin de faire une analyse avec vous. Je suis prête à venir vous voir jusqu'ici. L'éducation polyglotte voulue par mon père bien-aimé et par ma grand-mère a porté ses fruits, je peux parler en allemand avec vous, je préférerais même que ce soit en allemand plutôt qu'en anglais. Et puis, je sais que vous comprenez notre langue. Votre séjour en France vous a marqué, et vous avez traduit les ouvrages de ces grands hommes qui vous ont subjugué dans votre jeunesse, les professeurs Jean-Martin Charcot à la Salpêtrière à Paris et Hippolyte Bernheim, de l'université de Nancy. Je sais que vous avez appris d'eux la technique de l'hypnose et surtout que vous avez compris la nature du mal des femmes hystériques que les psychiatres maltraitent honteusement.

— Je connais aussi René Laforgue qui vous a recommandée à moi, princesse Bonaparte, dit Freud. Il m'a écrit une lettre vous concernant. Il parlait de psychanalyse didactique.

— Oui, j'ai commencé à faire une psychanalyse avec René Laforgue, mais j'ai préféré arrêter, car je n'avais pas le sentiment de progresser. Je connais vos méthodes, et je les admire. C'est la raison pour laquelle je me suis résolue à vous écrire mais, rassurez-vous, je ne mettrai pas en avant mon désir de faire une psychanalyse didactique comme Laforgue l'a maladroitement spécifié dans le mot qu'il vous a adressé.

— Aucun psychanalyste sensé ne peut savoir à l'avance si son patient est capable de s'accrocher à la technique analytique pour l'exercer à son tour sur des patients, murmura Freud.

Freud pensa alors à ses collaborateurs ; certains étaient devenus de grands analystes même s'ils n'avaient pas tous été psychanalysés selon les règles. Ce fut le cas de Karl Abraham qui n'entreprit jamais de travail sur lui-même. Il pensa aussi à Max Eitingon qui inaugura ce genre de pratique formatrice rigoureuse par une psychanalyse « ambulatoire » qui dura « cinq ou six semaines, soit dix à douze promenades vespérales ».

— Didactique, ajouta Freud, une psychanalyse ne le devient qu'en fin de parcours ou au moins après quelques trouvailles manifestes réalisées au cours des séances… Mais j'ai toute confiance en René Laforgue qui s'est déjà taillé un beau succès parmi ses concitoyens français car il a compris les avancées de la psychanalyse par rapport à la psychiatrie classique. Il a lu mes livres, il est parfaitement bilingue : en tant qu'Alsacien, il est de langue maternelle allemande et a fait son service militaire de l'autre côté du Rhin, pendant la Première Guerre mondiale. Lorsque vous avez insisté auprès de moi, en me racontant votre histoire, délaissée par un père que vous vénériez, élevée par une grand-mère très sévère et par tellement de nounous et de préceptrices, vous m'avez touché… Mais je n'ai pas beaucoup de temps et je ne prends plus de nouveaux patients.

— Je vous certifie que je me plierai à vos exigences. J'ai suffisamment de fortune pour séjourner à Vienne le temps qu'il faudra.

— Alors, dites-moi, quel est votre problème, princesse ?

Il y eut un silence. Marie serra ses mains l'une contre l'autre.

— Vous parlez d'une vie de princesse… Ce n'est pas exactement ce à quoi je m'attendais. Mon mari n'a jamais fait grand cas de moi. Lorsque je ne savais pas la raison de son malaise, je ne comprenais pas pourquoi il ne me désirait pas. Je me remettais en cause. Je me demandais si j'étais belle, attirante, désirable. J'ai eu des amants, qui étaient mariés. Ils avaient d'autres maîtresses que moi. Je pense que je ne parviendrai jamais à inspirer un réel désir à tous ces hommes. Pourtant, je sais qu'ils m'aiment, chacun à sa façon. Mais il y a quelque chose qui sonne faux, toujours, dans ma vie. Comme si je ne m'autorisais pas à vivre. Comme s'il fallait que je me retienne. Mais de quoi ? À force de ne pas être moi-même, je me suis fourvoyée avec des personnes qui n'en valaient pas la peine. J'en finis par perdre le goût de tout. Je me dis que je ne m'en sortirai pas, que je ne serai jamais heureuse, que je ne pourrai jamais ressentir de plaisir.

— Contrairement à ce que semble penser Laforgue, je ne suis pas inquiet, princesse Bonaparte. Je pense que vous pouvez entreprendre un travail. Si vous me dites exactement ce qui vous empêche de vivre.

— Pourquoi faut-il que je rate tout dans ma vie amoureuse ? Pourquoi mes relations avec les hommes me laissent-elles toujours insatisfaite ? Pourquoi suis-je incapable d'atteindre l'orgasme ?

Dans la lettre qu'il avait adressée au docteur Freud, René Laforgue l'avait présentée comme une femme souffrant d'une névrose obsessionnelle assez sévère « qui n'avait pas nui à son intelligence mais qui avait toutefois perturbé l'équilibre général de sa psyché ». Pour lui, le cas était sérieux. Marie mettait sa vie en danger, car elle faisait des opérations multiples pour tenter de résoudre son problème de frigidité.

Elle avait parlé, pendant des heures peut-être. Il l'écoutait avec son attention flottante et pourtant pénétrante, cette écoute qui fait la force des grands psychanalystes et qui donnait à ses patientes le désir de tout raconter, de déposer leurs secrets les plus enfouis, ceux qui les chagrinent et qui les angoissent, leurs doutes existentiels et les questions qui les tourmentent.

À quarante-trois ans, elle avait un mari, un amant, deux enfants, mais elle ne parvenait pas à trouver le bonheur. Elle ressentait cette étrange impression d'être à côté de son existence, de ne pas vivre ce qu'elle aurait aimé vivre, de ne pas être ce qu'elle aurait voulu être. D'être en attente de quelque chose qui ne venait pas, comme une éternelle adolescente. Sauf dans de rares moments souvent dus à des rencontres heureuses, elle ne se sentait pas en adéquation avec elle-même. Avec l'âge, les possibles étaient remplacés par les déceptions. Elle était doublement princesse – par sa naissance et par son mariage — mais sa vie était un désastre. Ses rencontres amoureuses des échecs.

Le premier homme qu'elle avait aimé travaillait pour son père : il s'appelait Leandri et il était marié. Lorsqu'il avait compris qu'elle avait des sentiments pour lui, il l'avait manipulée en lui demandant de lui écrire des lettres et de lui donner une mèche de ses cheveux enveloppée dans un petit papier sur lequel elle avait naïvement apposé : « À Antoine Leandri, Marie qui l'aime passionnément et ne l'oubliera pas. » Puis il l'avait fait chanter pendant quatre ans au sujet de ces lettres compromettantes qu'ils avaient échangées et dans lesquelles elle se livrait corps et âme.

Son mariage avec le prince Georges de Grèce et de Danemark avait été une mascarade dès les premières années. Son époux qui avait dévoilé son homosexualité, vivait en couple avec son propre oncle, le prince Valdemar de Danemark, descendant d'une famille alliée aux dynasties régnantes d'Europe, de Grèce, de Russie et du Royaume-Uni. Amiral de la flotte de son pays, il avait été le protecteur du jeune Georges âgé de quatorze ans et les liens qui les unissaient ne s'étaient jamais interrompus si bien que ses enfants, Pierre et Eugénie, l'appelaient « Daddy two ». Marie éprouva du chagrin lorsqu'elle comprit que son corps n'intéresserait jamais son mari, et qu'il lui faudrait trouver d'autres amants pour être heureuse. Elle ne savait pas encore qu'elle ne serait pas non plus satisfaite avec eux, car elle ne parvenait pas à trouver le plaisir. Et c'était cela qu'elle était venue chercher chez le psychanalyste viennois : l'orgasme était devenu sa quête, son obsession, son Graal. Contre l'avis de son analyste, et peut-être pour le défier, Marie était allée voir le professeur Halban à Vienne : un chirurgien qui pratiquait des opérations spéciales sur les femmes, qui consistaient à rapprocher le clitoris du vagin pour favoriser le plaisir. Freud n'avait pas réussi à la dissuader de poursuivre cette entreprise douloureuse. Elle ne guérit pas, reprit son analyse. Ces recours fréquents à la chirurgie montraient que son cas était sérieux.

Elle avait réfléchi, elle avait même écrit un texte, sous le pseudonyme de A. E. Narjani : « Considérations sur les causes anatomiques de la frigidité chez la femme », dans lequel elle démontrait que l'absence d'orgasme chez la femme était due à un mauvais positionnement du clitoris par rapport au vagin. Dans cet article scientifique, sur la base d'un panel de deux cents femmes, elle développait l'idée que le clitoris était l'organe central du plaisir chez la femme, quelle que puisse être la sensibilité des « bulbes vaginaux ». Pour elle, le clitoris, homologue du pénis, était aussi indispensable pendant l'acte sexuel que le pénis pour l'homme. Elle s'était penchée avec minutie sur ce qu'elle appelait le « diamètre méato-clitoridien », c'est-à-dire la région entre le clitoris et le méat urinaire, qui varie selon les anatomies, mais pas sur les planches des anatomistes. Et pour elle, un rapport constant existait entre le diamètre méato-clitoridien et l'orgasme. Ce serait donc l'éloignement du clitoris par rapport au vagin qui serait facteur de frigidité.

Dès les premières séances, Marie avait raconté ses traumatismes d'enfant et les questions qui s'étaient succédé. Elle était née à Saint-Cloud, sur une colline dominant Paris et la Seine, dans une maison entourée d'arbres et de pelouses. Sa mère était morte en couches. Héritière parmi les plus fortunées d'Europe, dans ses premières années, elle avait eu une jeune nounou pour s'occuper d'elle, nuit et jour, Rose Boulet. Elle prit soin de Marie jusqu'à l'âge de trois ans et demi, avant d'être renvoyée par sa grand-mère. Dans la maison vivait aussi Pascal Sinibaldi, « le piqueur », le demi-frère de son père, son aîné de douze ans.

Sa grand-mère veillait sur elle comme sur un trésor, mais elle était dure. Elle lui disait : « Tu n'as pas besoin d'être jolie, tu es riche. » Marie adorait son père, mais il s'absentait souvent pour ses travaux scientifiques.

De nombreux, trop nombreux précepteurs et éducateurs avaient pris soin d'elle : madame Proveux, qu'elle appelait Gragra du fait de sa corpulence, une présence réconfortante en cas de chagrin ; Lucie, qui fut renvoyée comme Rose quand Marie eut six ans, ce qui lui avait causé une grande peine. L'histoire se répétait. Puis elle avait eu Mimau, diminutif de

Mimosa, que Marie – la petite Mimi – lui avait donné en raison de « ces fleurs dans ses mains chéries ». Mimau lui tint lieu de mère pendant toute sa vie d'enfant et d'adolescente, et jusqu'à sa mort, elle eut pour elle la vigilance d'une vraie mère. Ce fut un drame pour elle lorsqu'elle mourut au lendemain de la guerre. Elle la fit ensevelir auprès de ses parents et ses grands-parents à Versailles. Elle lui permit de vivre son enfance : elle s'amusait avec elle, la câlinait, l'appelait « ma Zinzin », lui racontait sa vie de femme de chambre sur les paquebots où elle dut se faire employer lorsqu'elle perdit son mari bien-aimé et ses deux enfants. Mimau, qui aimait tant la petite fille, sut établir un lien avec sa mère morte en l'incitant à prier pour elle chaque soir, en cachette de son père et de sa grand-mère, athées convaincus, qui ne l'emmenaient jamais au cimetière ni à l'Église. Marie pensait que Bonne-Maman et Papa avaient supprimé Petite Maman pour s'emparer de son or. Jusqu'à vingt-deux ans, l'âge de sa mère à sa naissance, elle s'était persuadée qu'elle devait mourir de tuberculose comme elle.

Marie avait écrit des carnets d'enfant, qu'elle avait confiés à Freud. L'écriture était sa passion. Depuis qu'elle avait sept ans, elle notait sur des cahiers, des agendas, ce qu'elle sentait ou imaginait, et les événements de sa vie. Elle aimait le mouvement de la plume imbibée d'encre sur le papier lisse et pur, au point d'en ressentir une volupté physique. Elle avait rédigé ses premières histoires, en anglais et en allemand pour que sa grand-mère ne puisse pas les lire, et ensuite, elle s'était mise à tenir des journaux, à l'adolescence puis à l'âge adulte, sur sa vie quotidienne, ses rencontres intellectuelles, sa famille. Son mariage raté. Ses amours décevantes. Sa première relation amoureuse avec le fils aîné de Valdemar, le prince Aage, puis plus tard, sa liaison avec un jeune chirurgien genevois de trente et un ans, le docteur Albert Reverdin, qu'elle avait connu alors qu'elle essayait de se rendre utile en Grèce lors de la guerre des Balkans. S'affairant auprès des rapatriés soignés dans un hôpital improvisé de l'école militaire, elle avait participé avec la reine de Grèce à l'organisation de bateaux-hôpitaux destinés à évacuer les blessés, et c'est alors qu'elle avait rencontré ce délégué de la Croix-Rouge suisse. Ils échangèrent ensuite de nombreuses lettres car elle était rentrée à Paris et lui continuait ses missions. Elle le revit à plusieurs reprises dans la capitale mais son aventure se termina à cause de leur éloignement géographique et parce qu'il fut remplacé par un amant plus prestigieux.

Ce fut au cours d'une réception chez la marquise de Ganay qu'elle rencontra Aristide Briand, homme au nom célèbre. Elle l'appelait son grand amour. Sa relation avec ce personnage très occupé par la politique puis par la guerre qui faisait rage en Europe fut d'abord platonique, presque paternelle : il avait vingt ans de plus qu'elle. Avec lui, elle eut une relation secrète et remplie de scrupules, avec des hauts

66

et des bas. L'homme politique avait peur de la rumeur et aussi du prince Georges. Elle, de son côté, disait avoir pris conscience que son amour pour lui était aussi celui d'une enfant pour un père. Elle était la bienfaitrice qui réalisa ses rêves lorsqu'elle acquit un château historique en Loire-Atlantique, une forteresse construite au XIIIe siècle. Mais la guerre les sépara. Aristide finit par aller vivre dans une petite ferme qu'il avait achetée pour Berthe Cerny, sa femme depuis plus de dix ans, et ce fut un désaveu de plus pour Marie.

Puis, plus tard, au chevet de son père gravement malade, elle rencontra le mari de sa meilleure amie Geneviève, le docteur Jean Troisier, avec lequel elle entretint une liaison passionnée. Sa relation restée secrète, commencée en 1922, durait encore. Il avait une autre maîtresse mais elle ne s'en offusquait pas. Au contraire, elle avait besoin d'être aimée par un couple et même par toute une famille, si possible. Elle se sentait si seule et si désemparée. Sa vie n'avait pas de sens, pensait-elle. La psychanalyse était pour elle un enjeu vital. De déceptions en histoires d'amour avortées, de rencontres en ruptures, elle cherchait son bonheur, à travers le plaisir, sans jamais parvenir à le trouver.

7.

— Je connais la situation, répond Freud à Marie, lorsqu'elle lui confie son inquiétude, sur le divan. Les nazis sont venus au Verlag, puis chez moi, ils ont fouillé toute ma maison dans les moindres recoins, ils ont pris des relevés bancaires et des papiers personnels.

— Je suis ici pour tenter d'organiser votre fuite de Vienne, dit Marie. Vous qui avez incité tous vos collègues à partir, vous êtes toujours là, comme si vous ne croyiez pas à votre propre discours. Si vous ne le faites pas pour vous, faites-le pour sauver votre femme et votre fille qui ne veut pas vous quitter et qui s'occupe de vous comme personne ne le fera jamais.

— Je suis trop vieux pour qu'ils s'intéressent à moi. Je serai mieux ici, dans cette ville, où j'ai vécu toute ma vie. Vous qui me connaissez bien, vous savez combien j'ai peur de voyager, de prendre le train. Je me suis soigné, mais c'est toujours un problème pour moi. Ma phobie ferroviaire remonte à ma tendre enfance où le train signifiait pour moi la fuite de Freiberg vers Leipzig à cause de la misère et des défaillances de mon père incapable de subvenir à nos besoins. Vous savez qu'il est issu d'un milieu très simple, et que j'ai vécu une enfance précaire. Tout ce que j'ai, je l'ai construit moi-même, cela m'a pris une vie. Et vous voulez que j'abandonne tout ?

Il lui répond en articulant avec difficulté les mots qu'elle écoute avec attention. Il tente de trouver des formules plus concises pour répondre à ses questions. Elle sait que sa mâchoire le fait souffrir, après les trente-deux opérations qu'il a dû subir. Ces interventions chirurgicales qui ne sont pas toutes réussies lui ont laissé des séquelles douloureuses, tout comme la prothèse qu'on lui a placée sur la mâchoire, et qu'il appelle « le monstre ».

— Par-dessus tout, je ne peux pas laisser mes sœurs. Et vous savez qu'elles ne veulent pas partir. Elles sont malades, et âgées, comme moi. J'ai promis à ma mère de les protéger. Avec Alexander, nous les encadrons comme les couvertures d'un livre : moi en première page, lui en dernière et elles au milieu !

— Vous allez leur laisser le moyen de vivre quelque temps avant de quitter le pays. Alexander va vous aider. Il a l'intention d'aller en Angleterre ; vous devez l'y rejoindre.

— Elles pensent ne pas être exposées aux persécutions étant donné leur grand âge. Elles donnent les mêmes raisons que moi : les nazis n'ont que faire des vieilles personnes comme nous. La guerre n'est pas encore déclarée et plutôt que de les déraciner, laissons-les temporiser. La rançon à payer pour les faire sortir d'Autriche est si élevée qu'il nous faudrait beaucoup trop d'argent pour y parvenir.

— Vous vous trompez, docteur Freud. La guerre est imminente, et il est temps pour vous de partir.

— Pourquoi me pousser moi, malgré mon âge et ma maladie, pourquoi m'obliger à quitter cette ville qui m'est si familière et mes médecins qui me suivent de près depuis tant d'années ? Si cela ne tenait qu'à moi, il y a longtemps que j'aurais quitté cette vie de souffrances.

— Justement, nous avons besoin de vous pour défendre la psychanalyse contre ses détracteurs, plus décidés que jamais à la détruire. Vous serez en bien meilleure position en Angleterre : ici vous êtes pourchassé et on ne vous laissera plus parler. Vous qui êtes si clairvoyant et qui sondez le fond de l'âme humaine, ne voyez-vous pas ce qui est en train de se produire sous vos yeux ?

— Pour ce qui est de la psychanalyse, vous vous battez depuis tant d'années pour l'implanter dans votre pays, ajouta Freud. Vous avez accompli un chemin auquel moi-même je ne pouvais rêver.

— Vous ne savez pas combien je me bats. Avec Janet qui prétend avoir découvert les notions d'inconscient avant vous, il a fallu lutter aussi contre son gendre Pichon, et ceux qui résistent à vos idées

71

et qui font des procès indignes aux psychanalystes non-médecins, alors que vous-même vous défendez cette pratique pour que votre fille et moi-même nous puissions l'exercer. Même Laforgue s'est retourné contre vous. Depuis qu'il m'a adressée à vous, il s'est passé certaines choses…

— Que voulez-vous dire ?

— Je ne vous l'ai jamais avoué, mais je me suis aperçue que celui que je croyais être mon ami et à qui j'avais écrit tant de lettres affectueuses, vous jalousait au point de pouvoir dire des contre-vérités. Il m'a dit que vous m'aviez engagée dans une fausse voie en vous servant de moi comme instrument de pouvoir, au lieu de me diriger vers la science. Il vous appelle « le vieux Freud ».

— *Le vieux Freud… Une fausse voie…* Cela n'est pas aimable de sa part…

— Tout ce que j'ai fait jusqu'à présent, et que je compte poursuivre, montre à quel point il avait tort…

— Que devient-il ?

— Hélas ! il a été pris par la fièvre antisémite et il s'est rallié aux idées d'Hitler. Il a pour ami Matthias Göring, le cousin d'Hermann Göring, qui lutte contre la psychanalyse juive. Il veut aryaniser la profession en France.

— Je suis déçu. Mais pas surpris. J'ai tant d'ennemis, Marie… Je suis las de me battre sur tous les fronts… J'en ai perdu le désir.

— Regardez-moi. Je suis ici pour vous aider. J'emploie tout mon temps libre à traduire vos œuvres. Vous vous souvenez, j'ai eu le grand honneur de donner une traduction définitive à cette instance que vous avez appelée l'inconscient dans votre première topique et que vous avez renommé *das Es*. Eh bien, ce concept si difficile à rendre en français, j'ai réussi à le faire figurer désormais sous le nom de « ça ». Et j'en suis fière ! Ce travail est pour moi comme une nouvelle naissance. Vous avez donné un sens à ma vie. Moi qui n'avais pas besoin de travailler mais qui ne savais pas comment utiliser au mieux mes dons et ma fortune, je leur ai trouvé, grâce à vous, une destination honorable, au service de l'humanité tout entière.

« Non ! Décidément, docteur Freud, votre attitude me désarçonne… Vous avez dit à tous vos disciples de fuir le pays dès le lendemain de l'Anschluss, et pour vous et votre famille, vous agissez tout comme si la folie nazie n'était qu'une fièvre qui passera, sans considérer que vous êtes en danger.

— Comment pourrais-je voyager alors que ce monstre de mâchoire en métal me fait souffrir ?

— Et que vous refusez de prendre des sédatifs de peur de perdre votre puissance créatrice ! Nous vous soignerons. J'ai pensé à tout. Nous nous arrangerons pour trouver un médecin à Londres dès que vous y serez installé. De toute façon, j'ai déjà payé la rançon demandée pour vous, et j'ai bon espoir d'obtenir la déclaration selon laquelle il n'y a pas d'objection à ce que vous quittiez le pays.

73

« Je viens d'obtenir une attestation concernant votre collection d'antiquités estimée à trente mille reichsmarks. Ainsi sous-évaluée, la taxe sera moindre et elle pourra sortir plus facilement de ce pays. J'ai moi-même caché, pour vous la donner à Paris, la belle statuette en bronze d'Athéna que vous aimez. Comme vous me l'avez souvent dit, elle représente à la fois la sagesse et l'esprit guerrier de l'intellect au combat.

— Je n'ai pas les moyens de vous rembourser la rançon que vous avez payée, dit-il enfin, presque à court d'arguments, vous savez qu'ils ont pris tout ce qui était en ma possession et qu'ils me mettent dans la situation impossible qui est celle de mes coreligionnaires.

— Qu'importe l'argent que vous me devez. Notre ami Ernest Jones a fait tout ce qu'il a pu afin d'obtenir vos visas d'entrée en Angleterre ainsi que des autorisations de travail. Vous connaissez son dévouement et vous savez qu'il est en train de rédiger votre biographie avec l'aide d'Anna. Si vous êtes proches, ce sera plus commode pour lui. Et pensez à la satisfaction de voir publier dans ce pays d'accueil ce travail sur Moïse qui vous importe tant. Un grand retentissement sera donné à votre arrivée car j'avertirai la presse pour que le monde entier sache que vous êtes enfin libre.

— Il est vrai que l'Angleterre est le seul pays où je pourrais aller et par lequel j'ai toujours été attiré sans me décider pourtant à y émigrer. La Suisse, je

74

ne veux pas y habiter, même si j'y ai des amis sincères et dévoués comme le fidèle pasteur Oscar Pfister. Les États-Unis m'attirent encore moins, c'est Dollaria, le pays où rien ne compte sinon les biens matériels. Le voyage que j'y ai fait avec Jung ne m'en a pas laissé un souvenir impérissable. Je pensais leur apporter la peste, mais je me suis aperçu qu'ils n'étaient obsédés que par l'argent.

« La France ne me déplairait pas, mais je ne parle plus très bien votre langue et ma famille ne s'y retrouverait pas, personne ne comprend le français.

— Si vous passiez par Paris, vous pourriez rencontrer le consul américain, William Bullitt. Il a fait bien des démarches pour vous libérer de l'étau nazi. Il a été jusqu'à saisir le Président Roosevelt lui-même. J'ai préparé la maison pour vous recevoir alors que mes invités s'y trouvent encore : ma fille et son mari auront plaisir à vous y rencontrer.

« Enfin, du côté des détails pratiques, John Wiley, le chargé d'affaires du gouvernement américain, vous accompagnera dans le train pour veiller sur vous.

« Vous voyez, tout est prêt ! ajoute-t-elle, en agitant son gant. Croyez-moi, la conjoncture est bonne. Il faut vous sauver, docteur Freud, vous n'avez plus une minute à perdre !

8.

Anton Sauerwald referme la dernière chemise cartonnée qui contient les relevés bancaires du Verlag. Il n'a pas arrêté de travailler, depuis qu'il s'est plongé dans le dossier Freud. Cela commence à l'obséder, le jour et la nuit. Il y pense encore, lorsque, incapable de dormir, il reprend les chiffres, se perd dans la lecture des innombrables lettres que le docteur Freud a reçues, en réponse à celles qu'il envoyait, et finit par ouvrir un livre ou deux.

À présent qu'il est administrateur du Verlag, il a plus d'une tâche à accomplir. Il doit liquider les livres publiés par sa maison d'édition afin d'éradiquer la pensée freudienne, selon les instructions qu'il a reçues. Il connaît le psychanalyste viennois de réputation : on en parle beaucoup dans le milieu universitaire, où il suscite des débats houleux, car il s'exprime au sujet de la sexualité. Il sait aussi que le professeur Herzig avait le plus grand respect pour lui. Et lui avait le plus grand respect pour le professeur Herzig.

Il a épluché la biographie du docteur Freud. À de nombreuses reprises, on lui a refusé le poste de professeur qu'il briguait depuis longtemps. Le ministre de l'Instruction publique, Wilhelm von Hartel, connu pour ses opinions antisémites, s'arrangeait pour que les candidats juifs fussent oubliés. Freud qui le savait, ne posa pas sa candidature. Mais lorsqu'il publia son *Interprétation des rêves* et que son autoanalyse fut bien avancée, il accepta de se faire aider. Enfin nommé professeur extraordinaire, il fut heureux et fier : un rayonnement de ses idées devenait possible désormais. Il espérait que le rôle de la sexualité dans la vie psychique serait officiellement reconnu par l'intelligentsia viennoise. Mais la lutte qu'il dut mener à l'université n'était pas terminée, même si elle fut plus aisée à entreprendre à partir de sa fonction. Cependant, il ne put jamais obtenir de chaire et devenir titulaire et il y fut attaqué par ses collègues qui ne reconnaissaient pas la valeur scientifique de son œuvre.

Sauerwald connaît bien les manigances universitaires. Il est content d'avoir pu y échapper en quittant le milieu de la faculté de Vienne. Il sert davantage son intérêt et celui du nazisme loin des milieux intellectuels qui cachent leur jeu. Mais ce Freud, en manière de manigances, est tout de même redoutable. Sous son alibi de psychologue, se cache un fin politique. Il a réussi à devenir citoyen de la ville de Vienne pour ses soixante-huit ans, « en considération de tout ce qu'il avait fait pour la science ». Il semble fier de cet honneur, mais il reste méfiant à l'égard de cette ville qu'il dit parfois haïr et qu'il est pourtant incapable de quitter. Il a également obtenu le prestigieux prix Goethe qui récompense les talents littéraires, mais il n'a jamais été proposé pour le prix Nobel, malgré tous les efforts de la princesse Marie Bonaparte et de savants renommés qui le portent en haute estime. Il admire l'homme de lettres allemand, il est fier d'obtenir cette distinction, mais il est certain qu'une reconnaissance par la communauté scientifique universelle l'aurait comblé. Or ses théories sont sans cesse attaquées par ses collègues qui ne cachent pas qu'ils n'aiment pas les Juifs.

Enfin, tard dans la nuit, Sauerwald finit par tomber sur quatre pages qu'il a exhumées d'une pile de dossiers. Ce sont les documents qu'il recherche. Les virements bancaires effectués vers des pays étrangers.

Ainsi le grand, l'immense Sigmund Freud a-t-il signé son arrêt de mort. Qu'à cela ne tienne ! Ces Juifs qui sont nocifs au monde entier doivent être exterminés. Ils n'apportent rien à l'espèce humaine qu'ils salissent par l'existence même de leur race. Il n'est pas peu fier d'offrir sa petite contribution à l'entreprise du Reich. Là, il se montre bien plus utile qu'à l'université, où il a pourtant aimé accomplir ses recherches, lorsqu'il travaillait sur sa thèse. Mais la faculté est un endroit coupé du monde et de la vraie vie, de la guerre, de l'action qu'il a soif d'entreprendre.

Il conçoit des bombes redoutables qui permettent aux nazis d'envahir des pays et d'y maintenir l'ordre. Il peut aussi les démanteler et en analyser chaque pièce d'un œil critique pour déceler leurs qualités et leurs défauts. Il a le loisir de mettre ses capacités intellectuelles au service de dossiers compliqués, comme celui des Freud : car le père de cette science nouvelle qu'est la psychanalyse bénéficie d'appuis bien placés. Les plus hauts dignitaires du parti lui ont indiqué qu'il faut trouver des circonstances définitives pour leur permettre de les éliminer sans que personne ne puisse leur reprocher de le faire. Ils ont besoin de lui pour ne pas laisser Freud s'échapper. Ils n'auraient pas pu confier cette importante tâche administrative à n'importe qui. S'ils l'ont choisi, c'est pour son intelligence et sa capacité d'analyse. Et il va accomplir sa mission, comme il sait le faire. Il a maintenant toutes les raisons de convoquer Sigmund Freud à la Gestapo, et de l'interroger. Et il a hâte de se confronter à un homme de cette stature.

9.

Anna Freud, qui vient de rentrer chez elle, entend la sonnerie de la porte d'entrée. Celle du bureau de son père est fermée : il est en séance avec Marie Bonaparte et elle sait qu'elle ne doit pas le déranger.

La frêle femme aux cheveux longs et sombres séparés par la même raie au milieu que celle de sa mère, aux yeux profonds et au sourire triste, comme résigné, reste figée pendant un instant. Cette sonnerie insistante, elle la craignait, ils la redoutaient tous depuis la dernière visite des nazis. Elle savait qu'un jour ou l'autre, ils reviendraient ; et cette fois, ce serait pour eux.

— Nous sommes venus chercher le docteur Sigmund Freud, dit l'homme à la croix gammée.

— Il est vieux, répond Anna, et malade...

— Nous avons des ordres de la Kommandantur. Le professeur Sauerwald souhaite l'interroger.

— C'est impossible, je le crains. Il ne peut pas se déplacer en ce moment. Si vous le voulez, ajoute-t-elle, j'irai à sa place.

L'homme hésite. Il regarde ses acolytes, l'air hésitant. L'un d'eux fronce les sourcils.

— Je suis sa fille, ajoute Anna, d'un ton qui n'admet pas de réplique. Et sa plus proche collaboratrice. Je répondrai à toutes les questions, comme si c'était lui.

— Votre frère Martin Freud est recherché par la police, le saviez-vous ? Il a fait des déclarations contre le Reich et il a dissimulé des preuves concernant les comptes de la maison d'édition de Sigmund Freud.

Anna en veut à son frère d'être aussi inconsidéré. Elle aime son père plus que tout au monde. Elle aurait donné sa vie pour lui. Il est son guide, son mentor, son professeur et il a même été son psychanalyste pendant quatre ans, lorsqu'elle avait vingt-trois ans et qu'elle souffrait de dépression. Il l'a élevée dans l'enseignement des principes de la psychanalyse, si bien que des six frères et sœurs, c'est elle la plus apte à reprendre le flambeau.

D'elle, il sait tout. Il l'a écoutée pendant des heures parler de ses angoisses, de ses névroses, de ses pensées les plus inavouables, car selon le pacte analytique, elle devait tout lui confier, y compris ses fantasmes de masturbation. Lorsqu'elle était allée à Londres pour parfaire son anglais, à dix-neuf ans, et qu'elle avait rencontré Ernest Jones, son père l'avait mise en garde contre ce séducteur impénitent, et il avait tout fait pour empêcher leur idylle. Finalement, Anna ne s'était pas mariée. Ni avec lui, ni avec personne, même si elle vivait une relation passionnée avec Dorothy Burlingham, une femme divorcée, et mère de quatre enfants, dont elle s'occupait aussi.

Elle s'est consacrée à lui. Renonçant aux hommes, à la vie de femme mariée, à la maternité, elle a tout entrepris pour promouvoir l'œuvre, les idées et l'action de son père en faveur de la psychanalyse. Elle le remplace partout où il y a des manifestations scientifiques ou des congrès, lorsqu'il était trop fatigué pour s'y rendre. Elle suit ses traces : elle s'est spécialisée dans la psychanalyse d'enfants, science dont elle est la pionnière.

Anna demande aux nazis de l'attendre un moment, le temps de prendre ses affaires. Elle annonce à son père qu'il est inutile d'insister et qu'elle ne le laisserait pas partir seul – autant qu'elle y aille, sans lui. Marie l'accompagne dans sa chambre, elle frémit en voyant la jeune femme prendre une pilule et la glisser dans une poche de sa robe. Elle comprend avec effroi que leur médecin, Max Schur, la lui a donnée, en cas de torture, et elle lui en demande une aussi, qu'elle dissimule en tremblant dans une boîte à pilule au fond de son sac. C'est Marie qui a présenté aux Freud ce spécialiste des maladies internes, psychanalysé par Ruth Mack Brunswick, et qui est devenu le médecin de la famille.

Alors que les hommes embarquent la jeune femme au siège de la Gestapo à l'Hôtel Métropole, Marie Bonaparte reste avec Freud qui s'est effondré sur une chaise, blanc à faire peur. Elle ne l'a jamais vu dans cet état. Elle comprend qu'il tient à Anna plus que tout au monde. Il aime ses autres enfants, mais elle est sans conteste sa fille préférée. Sans elle, il ne parvient pas à respirer. La petite dernière, celle qui n'était pas prévue, pas désirée, s'avère être sa raison de vivre, alors qu'il n'a plus de goût à la vie. Il fume cigare sur cigare, marche de long en large, marmonne des paroles incompréhensibles. Sa mâchoire le fait souffrir. Il est au bord de l'effondrement, mais la pensée de sa fille le maintient en vie.

Martha à côté de lui, le soutient, la main sur son visage pour cacher ses yeux rougis par les pleurs. Elle tente de lui parler de la stratégie à adopter pour libérer Anna mais il n'écoute pas.

Marie propose alors d'aller la chercher. Les Freud finissent par accepter, à la condition qu'elle se fasse accompagner par Max Schur.

Dès qu'il arrive, elle le prie de venir avec elle à l'Ambassade, pour tenter de sauver Anna. Elle avise le consulat de Grèce, et de France, pour tenter d'intervenir auprès des autorités. Puis ils se rendent à la Gestapo. Assis côte à côte dans un couloir, Max et Marie guettent la sortie de la jeune femme, avec une appréhension grandissante.

Anna est prête à tout pour sauver son père. Et Marie, qui aurait donné sa vie pour lui, n'arrête pas de faire des allées et venues avec les différents consulats qu'elle connaît pour la faire libérer. Soudain, à la fin de la journée, elle se décide enfin à frapper à la porte de la pièce où est détenue Anna. Elle la voit sortir, le visage livide.

Cette fois, il n'est plus possible de se voiler la face : le danger est réel. Elle a compris durant l'interrogatoire que le nazi chargé de leur dossier cherche à arrêter son père. Il doit partir. Il faut quitter Vienne, le plus vite possible.

10.

— Comment laisser cette ville où j'ai passé toute ma vie, dit Freud à Marie. Où j'ai construit ma carrière ; où j'ai développé des découvertes si importantes que je pense, sans orgueil, être de la race des révolutionnaires messianiques. Où je dois terminer mon *Moïse*, aussi. Je voudrais évoquer le problème de la haine et des persécutions, à travers le thème du maître. Quand le peuple tue les maîtres comme ils l'ont fait lors des autodafés de 1933, il est prêt à accepter tous les dictateurs et les idéologies les plus perverses !

— Vous terminerez votre livre lorsque vous serez à Londres, en sécurité ! Regardez ce qu'ils ont fait à Martin, à Anna, à vous-même, ici. Écoutez ce vacarme, sous vos fenêtres. Les troubles qui agitent la ville n'augurent rien de bon. Depuis qu'ils sont venus chercher Anna, je reste toute la journée assise dans le couloir, sur les marches d'escalier, pour leur barrer le passage au cas où ils reviendraient. Dites-moi enfin ce qui vous y retient.

— Je voudrais récupérer mes lettres, dit Freud, après un silence. Les lettres que j'ai adressées à Wilhelm Fliess.

— C'est donc cela ? Je sais par Anna que vous avez brûlé toutes les lettres que Fliess vous a envoyées. Pourquoi ?

— Ces lettres sont à moi, n'est-ce pas ? Je peux les brûler, si je le veux. Malgré toutes mes tentatives, je n'ai jamais pu récupérer celles que j'ai adressées à Fliess. Sa femme me détestait. Elle n'a pas voulu me les rendre. Je lui ai même proposé de l'argent, mais elle l'a refusé, parce que c'était moi. Et je sais par Anna que vous les avez en votre possession.

— C'est vrai, admet Marie. J'ai fait l'acquisition de ces lettres après que la veuve de Fliess les a mises sur le marché. Les deux cent quatre-vingt-quatre lettres que vous lui aviez écrites. À la mort de Fliess, Ida a en effet confié les lettres à son fils, qui a fini par les céder à un antiquaire et écrivain berlinois, qui à son tour les a mises en vente. Chassé par les persécutions nazies, Reinhold Stahl est venu me voir et m'a fait très bonne impression. Il m'a dit avoir reçu des offres d'Amérique qu'il avait repoussées, car il ne voulait pas qu'elles quittent l'Europe. Je viens de les racheter, j'ai pu obtenir un prix plus bas, douze mille francs pour l'ensemble de vos lettres – dont plusieurs adressées à Breuer, ainsi que de très longs projets théoriques de votre main...

— Ces lettres contiennent toute ma vie. Lorsque, à la mort de Fliess, j'ai voulu les récupérer et qu'Ida a fait barrage, j'en ai été malade. Elle me détestait : elle pensait que je cherchais à détruire son mariage. Je ne l'aimais pas, c'est vrai. Je disais qu'elle était spirituellement sotte. Breuer, après nous avoir mis en relation, nous a jalousés, et c'est lui qui l'a mise en garde contre ce qu'il appelait mon emprise sur Fliess, si bien que nous fûmes contraints d'exclure nos épouses de notre relation. Mais à présent que vous les avez acquises, vous allez pouvoir me les rendre !

— Elles ne sont plus à vous, et vous le savez fort bien. Puisque vous les lui avez adressées. Et j'ai promis à Ida que je ne vous les donnerai pas.

— Vous ne savez pas dans quoi vous mettez les pieds, Marie, dit Freud. Ces lettres concernent Wilhelm, et elles ne regardent personne d'autre que moi – puisque Fliess est mort.

— Pour quelle raison vous étiez-vous fâché avec lui ?

— C'est compliqué…

— Comment a-t-il réagi après avoir lu *L'Interprétation des rêves* ? Je pense en particulier au rêve « *Non vixit* » que vous avez fait en 1898 après une période de dépression et de ralentissement intellectuel.

— Ma correspondance avec lui s'était raréfiée, je n'avais plus la même volonté de le tenir au courant de ce que je faisais. Lui aussi se méfiait de moi. Il y avait eu la découverte de sa méfiance vis-à-vis de moi et son désir de mettre une distance sûre entre nous comme je l'ai déjà évoqué dans mon rêve « *Via-villa Sezerno* ». *Sezerno* veut dire « caché » en italien. Wilhelm me cachait l'adresse de ses vacances où je devais lui faire parvenir des documents urgents et importants pour moi parce qu'ils confirmaient, à partir d'un cas d'hystérie, la théorie de la séduction paternelle à propos de laquelle il avait des réticences. Me cacher son adresse signifiait pour moi son refus du dialogue ou sa méfiance à l'égard de mes recherches. Je comprends à présent que, quatre ans avant notre rupture, son amitié était soumise à caution. À l'époque, je souhaitais faire une analyse simultanée de mon ami et de moi-même, ce que manifestement il refusait. Déjà je m'apercevais que nous n'étions pas sur le même registre et qu'il y aurait toujours une différence entre nous dans l'aptitude à admettre certaines vérités.

— Pourquoi refusait-il la théorie de la séduction paternelle ?

— Il ne voulait pas admettre l'idée que l'inceste soit plus répandu que ce que l'on croit. C'est ce qui m'a dirigé vers la théorie du complexe d'Œdipe, qui permettait d'envisager la chose du côté du fantasme de l'enfant, et de sa volonté de séduire le père, ou la mère.

— Dans votre rêve « *Non vixit* », vous l'avez fait disparaître de votre vie.

— Dans le rêve « *Non vixit* », j'ai évoqué les amis que j'ai aimés comme Ernst von Brücke, mon protecteur et maître à l'université, Ernst von Fleischl, mon collègue admiré, Josef Paneth, mon collègue et ami. Ce rêve avait pour cadre le laboratoire de Brücke où Fliess, le seul encore en vie, s'entretenait avec Josef Paneth.

— En compagnie de tous ces personnages décédés, vous avez peut-être aperçu que vous désiriez déjà rompre avec Fliess et même l'éliminer de votre vie.

— J'ai découvert dans l'autoanalyse que j'ai faite à la suite de ce rêve, qu'il réveillait en moi des souvenirs d'enfance, concernant certaines personnes de ma famille. Le rêve me ramène par association à un souvenir d'enfance avec John, mon neveu plus âgé que moi d'un an. Je m'étais disputé avec lui à propos d'un objet que chacun de nous prétendait être arrivé à prendre en premier. C'était John qui méritait de l'avoir parce que j'étais arrivé en retard et je le lui avais enlevé par la force. John s'est plaint à mon père mais je me suis défendu en proclamant : « Je l'ai battu parce qu'il m'a battu. »

— Cela ne vous rappelle-t-il pas le conflit qui vous a opposé à Fliess ?

— J'avais pensé en effet : « Je n'ai pas besoin de toi, je trouverai un autre ami avec lequel je pourrai jouer. »

— Vous vous êtes détaché de Silberstein, de Breuer, de Fliess, de Jung, même de Ferenczi que vous aimiez tant.

— Je me disais : « Après tout, aucun ne paraît irremplaçable. » J'avais décidé de survivre à travers mes enfants et mon œuvre. Mais plus avec eux.

— Vous comprenez le ressentiment de Fliess lorsqu'il a lu votre rêve et son interprétation, lorsqu'il a compris qu'il était mort dans votre rêve, et donc symboliquement pour vous.

— Nous en avons parlé, nous parlions de tout. Je lui avais expliqué qu'il était étonnant de voir avec quelle fréquence il apparaissait, que je me réjouissais de lui avoir survécu et cela me semblait terrible de devoir avouer une chose semblable à une personne qui savait l'interpréter. Il n'a pas réagi trop gravement à mes paroles et notre amitié a survécu à cet orage !

« Mais il y avait autre chose. Dans mon rêve, il m'accusait d'indiscrétion à son égard en me demandant si j'avais confié à Paneth quelque chose de sa vie privée alors que c'est lui qui commettait ce genre d'indiscrétion à mon égard ; et c'est ce qui sonna le glas de nos relations. Car Fliess a publié des extraits strictement privés de ma correspondance avec lui, ce qui m'a beaucoup contrarié. Et voilà, Marie, que vous voulez faire comme lui ? Je vous rappelle votre attitude lorsque vous avez appris la mort de votre jeune amant de la guerre des Balkans, Albert Reverdin. Vous avez dit ne l'avoir jamais vraiment aimé et vous aviez voulu récupérer les lettres que vous lui aviez écrites et lorsque vous vous êtes rendu compte qu'il les avait...

— Ne poursuivez pas, je sais, cela m'a bouleversée, à un point tel que je n'ai eu de repos que lorsque j'ai brûlé ses lettres. Avec Aristide Briand, tout s'est passé correctement, nous avons détruit chacun de notre côté les lettres que nous avions échangées. Mais pour vos lettres, ce n'est pas pareil, car elles font partie de votre œuvre ! Je sais combien la haine est proche de l'amour et vous souhaitez vous débarrasser de Fliess qui vous a fait tant de bien quand vous vous aimiez, puis tant de mal par sa jalousie. Mais ce n'est pas possible !

Freud la considère pendant un moment. Elle est déterminée à dire non. Et quand elle a décidé quelque chose, il est impossible de la faire changer d'avis. Il pense alors à ce conte d'Edgar Poe intitulé *La Lettre volée*. Il l'avait lu avec un grand intérêt lorsqu'il avait préfacé le livre que Marie avait consacré au poète américain traduit par Baudelaire.

Ainsi dans le conte d'Edgar Poe, il s'agissait d'une missive dérobée sous ses yeux à une certaine reine, par un ministre indélicat, dans le but de l'échanger contre des avantages dont la nature exacte n'était pas précisée. Le rusé détective Dupin avait compris que ce qui est caché n'est pas nécessairement soustrait au regard, au contraire du préfet de police qui avait remué de fond en comble les chambres à la recherche de la lettre, mais sans la trouver. En vérité, l'objet volé était exposé, si bien qu'on ne l'apercevait plus. Il s'employa donc à trouver la lettre compromettante parmi les indices les plus évidents, donc les moins suspects d'appartenir à ce qu'on souhaite dissimuler. Il porta des lunettes teintes, pour qu'on ne puisse pas suivre les mouvements rapides de ses yeux. Elle se trouvait sur un misérable porte-cartes, au-dessus du manteau de la cheminée, au milieu de cinq ou six cartes de visite, pliée en son contraire selon la mode de l'époque qui ne connaissait pas les enveloppes. Posée négligemment, elle échappait à toute perception, alors qu'elle était parfaitement visible. Mais il fallait prendre des précautions car l'ennemi, qui était féroce, risquait de le débusquer et de le condamner sans appel.

Marie avait vécu ce genre de transes lorsque, adolescente, elle eut peur de son père qui était le représentant du surmoi et de sa férocité. Manipulée par l'homme qu'elle aimait, Antoine Leandri, quand elle lui écrivit des lettres, elle ne put récupérer ces documents qui la discréditaient aux yeux de tous. Ainsi, pendant des années, elle paya une rente importante à ce bandit qui la maintenait en otage et lui extorquait de l'argent par un infâme chantage. Et voilà que l'histoire se répétait, mais sous une forme inversée : c'était elle qui détenait les lettres secrètes et qui ne voulait pas les lui remettre.

— Je croyais que vous étiez une alliée, Marie. Mais je découvre que je nourris une vipère en mon sein !

— Je suis votre amie ! Je suis l'amie de Freud – le grand Freud, le révolutionnaire de la pensée ! Et je suis aussi l'amie de Sigmund, l'homme blessé, qui panse ses blessures par la théorie analytique. Parfois les deux amitiés entrent en conflit et c'est alors que je penche vers vous – votre patrimoine, votre âme, votre éternité. Contre vous. Comprenez-vous que ces lettres sont essentielles à la connaissance de votre œuvre, et de votre doctrine ? De votre personnalité et de la construction intime de votre œuvre ?

— Étant donné la nature de nos rapports, ces lettres abordent naturellement tous les sujets possibles scientifiques et personnels comme je vous l'ai dit... et même les choses objectives qui concernent les intuitions et fausses voies de l'analyse en germe sont aussi tout à fait personnelles ! Pour cette raison, je ne voudrais pas qu'elles tombent dans les mains des nazis. Croyez-moi, Marie, je ne peux pas partir sans avoir ma partie de cette correspondance. C'est une question cruciale. Vous savez bien que les nazis n'aiment pas nos théories. Qu'elles sont en contradiction avec leur vision de l'homme. Et dans ces lettres que j'ai adressées à Wilhelm, j'aborde certains points litigieux.

— Vous voulez parler de la théorie de la bisexualité ? demanda Marie. Est-ce la raison pour laquelle vous vous êtes fâché avec Fliess ?

— Je lui ai attribué la paternité de ce concept ! Je n'ai jamais rien pris de lui sans le reconnaître.

— C'est pourtant ce qu'il a dit.

— Je le sais, il m'a reproché d'en avoir parlé à mon patient Hermann Swoboda qui l'aurait communiqué à son ami Otto Weininger. Celui-ci aurait diffusé ses conceptions sur la bisexualité et la périodicité psychique avant qu'il ne les publie. Mais j'ai reconnu ma dette à l'égard de Fliess et de ses avancées audacieuses. C'est pourquoi j'ai été tellement blessé par le reproche qu'il m'a fait. Je pensais que nous n'étions pas en compétition. Mais je me trompais ! J'ai compris qu'il était jaloux de moi. Peut-il y avoir de la jalousie dans l'amitié ? Ce n'est pas ainsi que je voyais les choses. Je voulais son bien. Je pensais qu'il voulait le mien... Mais il a cessé de m'écrire, alors même que j'étais son unique public à l'époque. Il m'en voulait.

— De quoi, au juste ? D'avoir été nommé à l'université, d'être plus reconnu et honoré que lui ? S'agissait-il du dépit d'un ambitieux ?

— Il s'était isolé du milieu scientifique. Il avait perdu toute mesure de ce qui était possible et de ce qui était autorisé. Il n'était pas difficile de réfuter ses arguments, mais il n'était pas agréable non plus d'entendre dire publiquement des mots blessants par un homme avec qui l'on a entretenu l'amitié la plus intime qui soit, et ce pendant douze années.

« Fliess ne s'en tint pas à cet échange de lettres de reproches, il alla jusqu'à faire écrire par un ami un pamphlet insultant à mon égard. C'était... impardonnable. Pourtant, je continuai de le citer dans mes écrits sur la bisexualité et la périodicité. Des années plus tard, j'ai même encouragé Karl Abraham à aller le voir à propos d'un cas de psychose légère où il avait trouvé des périodes masculines et des périodes féminines.

Le vieil homme prend un cigare, qu'il allume, avant d'en tirer une longue bouffée. Au bout d'un moment, il commence à parler, d'une voix faible, comme éteinte. Il articule douloureusement chacun de ses mots, en entrecoupant son discours d'instants de silence comme pour reprendre des forces.

Marie s'approche de Freud, et voit qu'il se sent mal. Il tremble. Elle le prie de s'allonger, et va lui chercher un verre d'eau.

— Vous aviez fait un malaise, lors d'un congrès, où Jung vous avait rattrapé alors que vous alliez perdre connaissance…

— C'était le 24 novembre 1912, j'avais réuni cinq de mes plus proches collaborateurs dans cette pièce du Park Hôtel de Munich, et c'est alors que, après m'en être pris à Jung, je me suis évanoui. Il paraîtrait que j'ai dit, en revenant à moi-même : « Comme il doit être agréable de mourir. » Ce jour-là, j'ai vraiment eu l'impression de mourir. Je sais que mon évanouissement est relié à une scène vécue avec Fliess.

— Laquelle ?

— C'était à Munich, sur le chemin du retour d'Achensee. C'était là que nous nous retrouvions, Fliess et moi. De retour d'Achensee, nous étions descendus au Park Hôtel, et à cet endroit fatidique, notre amitié a pris fin.

— Que s'est-il passé ?

— Un coup de folie. Je ne le reconnaissais plus. Il me reprochait de l'avoir manipulé. Il disait que je lui avais pris ses idées. Je ne comprenais plus rien. Je ne savais plus quoi dire devant ce déchaînement de violence. Il n'était plus lui-même. Il éructait, en proie à une colère terrible. Il m'accablait de tous les maux, me traitait de menteur. Soudain, je n'étais plus rien, et tout ce que nous avions construit ensemble s'était évanoui. Il me haïssait. J'ai réagi violemment. Je ne pouvais rien faire, la confiance était rompue.

— Vous ne lui avez jamais pardonné ?

— Lorsque certains mots sont dits, on ne peut plus revenir en arrière. Et les siens trahissaient des années de rancœur et de frustration dissimulées sous les traits de l'amitié. J'ai tout de suite su que c'était irréversible. C'était comme s'il se démasquait, tout d'un coup. C'était très violent, terrible même. On peut abattre son amitié comme on abat ses cartes. En quelques minutes, il avait tout saccagé !

« Plus tard, j'ai fait un rêve que j'ai intitulé "Qui joue avec des nombres". Celui qui jouait avec les nombres, c'était Wilhelm. Pour lui, le sexe et les dates de naissance étaient déterminés par les périodes de menstruation. Fliess était fasciné par les chiffres, au point d'en être obsédé.

« Dans mon rêve, Goethe, qui était en fait moi, s'en prenait à un homme, littéralement *écrasé par cette attaque*, au sujet d'articles scientifiques. Je pense que je cherchais à me disculper vis-à-vis de lui en justifiant ma position. C'était moi qui aurais dû l'attaquer.

Freud fume, en fermant les yeux. Après sa rupture avec Fliess, il avait traversé une phase de grande noirceur. Il ne croyait plus en l'amitié. Autant dire ne plus croire dans le genre humain. Cette rupture l'avait atteint, au plus profond de lui-même. Elle avait touché les fondements de son être. Ce don de soi sans rien attendre en retour, cette possibilité qu'il y ait quelqu'un sur terre qui vous comprenne parfaitement et qui soit là pour vous, en toutes circonstances.

— J'ai perdu un ami cher à mon cœur, dit-il. Et c'est le monde qui s'en est retrouvé désolé, tant il est vrai que l'amitié suffit à vous changer la vie, à vous la rendre plus belle, plus grande, plus passionnante. Avec lui, tout était plus intense. J'avais l'impression que rien ne pouvait nous résister intellectuellement, et qu'ensemble, nous pouvions tout faire, tout dire, tout connaître. Ensemble, n'avons-nous pas changé le monde ?

« Notre amitié s'est construite dans une ambiance particulière, vous savez, ajoute-t-il. Je n'ai jamais cessé d'essayer de comprendre l'incompréhensible. Avec Fliess, nous tentions d'en faire reculer les limites. Pour cela, nous ne pouvions pas être seuls. Nous devions être aidés.

— Que voulez-vous dire ? ajoute Marie.

— Nous nous sommes rencontrés, lui et moi, sur le terrain de la cocaïne. Il s'en administrait de façon nasale. J'avais commencé aussi à en prendre, sans soupçonner tout ce que cela pouvait ouvrir en moi, d'un point de vue intellectuel. C'était comme si rien ne me résistait. Lorsque nous le faisions ensemble, c'est alors que nous abordions tous les sujets, y compris ceux qui se dérobent à l'entendement humain. Je pense que nos plus grandes découvertes viennent de là.

— Vous pensez qu'il a eu un accès de paranoïa vis-à-vis de vous ?

— Comment l'expliquer autrement ? La cocaïne peut avoir de tels effets secondaires. Son revirement fut tellement soudain. À moins que ce ne soit moi qui n'ai rien vu venir…

— Selon vos propres théories, la paranoïa dérive d'une homosexualité refoulée. Le lui avez-vous dit ?

— Je l'ai analysé, tout comme il m'a analysé. Je lui ai dit qu'il était devenu oto-rhino-laryngologiste car il s'était convaincu que son père était mort des suites d'une suppuration nasale. Et ses théories numérologiques dérivent de sa compulsion à trouver une explication à la mort de sa sœur d'une pneumonie, j'en étais persuadé. Nous sommes allés très loin dans l'analyse l'un de l'autre. Peut-être trop ? Je me suis beaucoup remis en question, après notre rupture. Je n'étais plus sûr de rien. Je pensais que c'était ma faute. J'avais dû faire une erreur. Nous ne nous sommes plus jamais revus. Et pourtant, pas un jour ne passe sans que je pense à lui… Vous comprenez à quel point ces lettres sont chères à mon cœur.

— Rassurez-vous, elles ne sont plus entre les mains de la sorcière Ida Fliess. Elles sont en lieu sûr à la Banque Rothschild.

— En lieu sûr ? s'exclame Freud. Pensez-vous, par les temps qui courent, que ce lieu soit le meilleur endroit pour les mettre à l'abri ? Il faut absolument les sortir de cette banque qui appartient à des Juifs ! Vous savez combien ceux qu'ils appellent les Bankjuden sont des cibles pour les nazis !

— Bien, dit Marie. Je vais m'y employer.

— Cela va être difficile de négocier avec les autorités allemandes…

— Je vais parler à Sauerwald. Je pourrais peut-être les confier à la représentation danoise ici, puis je verrai avec Anna pour leur publication.

— Vous ne verrez rien du tout avec Anna, s'énerve Freud, qui se lève en tremblant. Ces lettres ne sont pas à vous, ni à elle. Vous devez les reprendre si c'est encore possible, et me les rendre au plus vite ! C'est une question vitale, comprenez-vous ?

11.

Il est très tard lorsque Martin sonne à la porte de l'appartement du 19, Berggasse. Il enlève son chapeau, regarde derrière lui, pour voir s'il n'a pas été suivi. Paula lui ouvre, l'air grave. Elle sait qu'il vient pour leur dire au revoir, ou peut-être adieu. Il doit partir le lendemain, dès l'aube : il n'a plus le choix.

Martin regarde pour la dernière fois sans doute la maison où il a passé des jours heureux. Rien n'a changé, depuis l'enfance, ou si peu. Le bureau de son père, les statuettes, sa chambre où il aimait à discuter avec lui. Il est temps de dire adieu à toute sa vie. Il lui faut un courage insurmontable pour quitter cet appartement où il a vécu depuis toujours, les pièces où il a joué, travaillé, parlé, écouté, ri et pleuré avec ses sœurs et ses frères. Leurs murs retentissent de l'écho des paroles enfantines, des aboiements de ses chiens, de repas familiaux avec ses parents et tante Minna, et du pas feutré, parfois lourd, des patients de son père, de leurs éclats de voix et de leurs larmes. Il quitte son enfance.

Et son père, ce monument écrasant, qu'il aime tant et dont il cherche à se différencier. Plus jeune, il désirait lui échapper. Il ne voulait pas assumer son rôle de fils aîné. Il aurait voulu être libre. Mais il a fait ses études de droit pour lui plaire. Puis il s'est rapproché de lui avec le Verlag, lorsque son père lui a confié ses affaires afin de l'avoir au plus près de lui. Comme s'il ne voulait pas qu'il s'éloigne.

Depuis qu'il a lu la lettre adressée à Fliess, il le comprend mieux. Quelque chose l'a bouleversé. C'est comme s'il était en paix avec ce combat intérieur qu'il mène pour exister par lui-même. Lorsqu'il était enfant, son père ne jouait pas avec eux, préoccupé qu'il était par son œuvre, cette œuvre qu'il élaborait chaque jour en vue de faire progresser l'humanité. Mais il a toujours été là dans les moments importants, à chaque fois qu'ils faisaient appel à lui, il cessait toute activité pour leur accorder sa présence et son écoute. Il avait développé avec chacun de ses enfants un pacte de franchise absolue, si bien qu'ils se disaient tout, sans détour, qu'ils abordaient tous les sujets, même les plus tabous. Il voulait que ses enfants aient ce qu'il faut. Il désirait connaître leurs besoins pour leur apporter son aide médicale, financière, ou psychologique. Entre eux, il n'y avait pas de gêne, juste une volonté de transparence et d'authenticité qui caractérisait ce regard qu'il portait sur les gens, comme un sabre tranchant. Il ne se trompait jamais.

Martin serre longtemps sa mère dans ses bras. Elle qui est si forte, si digne, ne peut retenir ses larmes.

— Vous allez bientôt me rejoindre, dit-il. N'est-ce pas, Papa ? ajoute-t-il en se tournant vers lui.

Sigmund acquiesce, même s'il est clair qu'il voudrait leur dire : personne ne sait de quoi l'avenir est fait.

Anna aussi est là, qui le regarde avec inquiétude. Elle est la dernière, maintenant, à s'occuper de son père, au péril de sa vie, et il sait qu'elle va à nouveau se sacrifier pour lui, car elle ne peut pas faire autrement. Il n'a même pas essayé de la faire partir. Il sait que c'est peine perdue, et qu'elle suivra leur père jusqu'à la mort.

— Papa, dit Martin. Je sais que je ne t'ai pas toujours donné satisfaction. J'ai souvent été impulsif... bête... désordonné... Pour les comptes, je connais ma responsabilité. J'aurais dû détruire tous les documents, depuis longtemps, comme tu le suggérais. Promets-moi de venir bientôt, ajoute-t-il dans un sanglot.

Son père le prend dans ses bras, d'un geste rude, comme quand il était enfant, pour lui dire de ne pas se laisser aller.

Puis il l'entraîne dans son bureau, pour être seul avec lui.

— Mon état actuel me fait craindre de ne plus pouvoir gagner ma vie comme je le faisais, murmure-

t-il. Je ne sais si j'aurai la force de partir. Si jamais…
Si nous ne devions plus nous revoir, Martin, je voudrais que tu me promettes une chose.

— Je ferai tout ce que tu diras.

— Je voudrais que, vous, mes enfants, renonciez à votre héritage au profit de votre mère. Elle en aura besoin pour vivre. Par bonheur, Mathilde et Ernst ne me causent pas de souci. Toi aussi, j'ai confiance en ton avenir. Tu peux garder mille dollars, puis donner à ta tante Dolfi deux cents dollars chaque année. Tu donneras également cinq mille dollars à tante Minna.

« De vous tous, c'est Oli qui est le plus dans le besoin. Il a les mille dollars que je lui ai offerts pour son mariage. Et ta mère lui donnera de l'argent, en cas de besoin. Ah et surtout, n'oublie pas… La dot d'Anna doit être complétée à partir du compte à hauteur de deux mille livres sterling. Tu me le promets, n'est-ce pas, Martin ?

« Je suis vieux et il ne me reste que peu de satisfactions dans la vie. L'une d'elles est de pouvoir faire quelque chose pour mes enfants.

12

C'est étrange : il a passé un moment en compagnie de son père, alors qu'il était enfant. Et soudain son père s'est transformé en son professeur de chimie, Josef Herzig. Est-ce l'influence des pensées du psychanalyste sur son esprit ? Il se souvient alors de ce que son professeur de chimie lui a dit de Freud : il le tenait pour un génie, un homme qui a révolutionné les humanités. Le plus grand esprit de leur époque. Herzig qui était un scientifique rigoureux dans sa méthode, lisait avec passion les livres de ce docteur de l'âme. Une intelligence redoutable certainement, capable de manipulation et de détournement d'esprit. Mais aussi de détournement de fonds : il détient de l'argent à l'étranger, et même une somme considérable, de l'ordre de deux à trois millions de shillings. Une erreur impardonnable, dont la découverte le réjouit. Mais voici que Freud lui a échappé, et qu'il n'a pas hésité à envoyer sa propre fille à sa place pour l'interrogatoire.

Anton Sauerwald termine son café et se met à son bureau, devant le dossier Freud. À présent, il a un fort mal de tête. Cela fait longtemps qu'il n'a plus rêvé. Est-ce à cause de ce livre ? C'est comme s'il avait réveillé chez lui la capacité de s'évader par la pensée, ou plus exactement, celle de se souvenir de ses songes. Cela fait longtemps qu'il oublie tout de la nuit. Depuis quand ? À nouveau, l'image sévère de son père s'impose à sa conscience et il frissonne.

Sur son bureau, son courrier l'attend. Il reconnaît le cachet du Reich. Bientôt, s'enorgueillit-il, il sera promu. Sa femme sera fière de lui. Elle l'a poussé à prendre le chemin du nazisme et l'a beaucoup encouragé dans cette voie. Il ouvre la lettre qui contient un ordre de Berlin : les Freud doivent quitter leur appartement le plus vite possible car celui-ci est réquisitionné par le Reich afin d'en faire un Institut pour l'étude de la race, qui aurait pour visée d'étudier la supériorité de la race aryenne d'un point de vue scientifique.

Juste retour du sort, sourit-il. Freud, lui, démontre le contraire dans son œuvre, d'un point de vue tout aussi scientifique. Et si tout n'était pas une question de race, mais d'inconscient ? Le même inconscient qui fait naître les rêves. Et s'il n'y avait pas des hommes biologiquement supérieurs mais des hommes avec leurs histoires singulières, déterminés seulement par l'éducation de leurs parents et les traumas infligés pendant l'enfance ? Et s'il y avait deux catégories d'êtres humains : ceux qui se souviennent de leurs rêves et ceux qui ne s'en souviennent pas ? Et s'il n'y en avait même qu'une : celle des hommes qui rêvent ? Des hommes définis par leur inconscient.

L'un des songes de Freud en particulier l'a troublé. Celui où il convoquait ses amis morts. Il a compris qu'il révélait la complexité de ses sentiments vis-à-vis de son collègue et ami préféré. Ainsi, Freud ressentait-il à son sujet à la fois de la haine et de l'amitié. Toute une partie de son enfance lui remonte à la mémoire : comme Freud, il souffre d'une ambivalence affective à l'égard des hommes qui lui sont proches. Cette ambivalence l'a conduit à travailler à la fois pour les nazis et pour la police autrichienne. Et maintenant voilà qu'il la ressent vis-à-vis de Freud lui-même, avec qui il doit entretenir un rapport dénué d'affect, une relation strictement professionnelle. Il nourrit un certain respect à l'endroit du penseur et du scientifique, et même de l'attachement vis-à-vis de l'homme, ainsi que de la haine vis-à-vis du Juif.

Il sursaute en entendant des coups impérieux frappés à la porte. Il replie la lettre du Reich, qu'il glisse dans le tiroir de son bureau, et rajuste son costume en jetant un coup d'œil dans le miroir avant d'aller ouvrir la porte à la princesse Marie Bonaparte. De toute évidence, l'aristocrate a exigé ce rendez-vous pour parler du destin de la famille Freud.

Marie entre, gantée de blanc, précédée d'un nuage de parfum, lui serre la main en le regardant au fond des yeux, s'installe dans le fauteuil qu'il lui indique comme si c'était un trône, et lui annonce sans détour qu'elle est venue afin de trouver un arrangement au sujet de la fuite des Freud, comme si c'était la chose la plus naturelle qui fût, en même temps qu'un caprice de princesse, que personne au monde ne pourrait lui refuser.

— Je crains qu'un arrangement soit strictement impossible dans ce cas, princesse Bonaparte, dit Sauerwald. Car voici ce que j'ai trouvé, ajoute-t-il, en lui tendant les relevés de compte du Verlag. La situation est critique. La société a trente mille reichsmarks de dettes. Elles ne pourront jamais être comblées.

— Ce qui signifie ?

— Ce qui signifie que les Freud ne sont donc pas en mesure de quitter le pays.

— Qu'importe, dit Marie avec un sourire, nous allons arranger cela. Je voudrais racheter le Verlag. Ces dettes seront les miennes, et plus celles de Freud. Ainsi, il pourra partir. Et moi aussi, puisque je ne suis pas juive.

— Combien voudriez-vous mettre dans l'achat du Verlag ?

— Votre prix sera le mien, docteur Sauerwald, dit-elle avec un sourire entendu.

— Mais ce n'est pas tout, dit le nazi.

Il se lève alors et se dirige vers un petit coffre qui est dans le coin de sa pièce, qu'il ouvre.

Il en sort une pile de dossiers qu'il tend à la princesse.

— Ces documents retracent tous les virements du docteur Freud vers l'étranger. Ce qui, comme vous le savez, est passible de la peine de mort.

La princesse prend les documents qu'il lui tend et y jette un œil distrait. Elle paraît impassible, mais il remarque que son visage est blême, sous son maquillage.

— Voyez-vous, princesse Bonaparte, les Juifs, par leur comportement individualiste, nuisent à la société et ne méritent pas de vivre. Ceci en est bien la preuve. Ce que vous faites pour eux est noble, mais bien naïf. Pourquoi vous compromettez-vous avec ces gens ? Si j'étais vous, je renoncerais. Vous allez finir par attirer l'attention. Vous vous mettez en danger inutilement.

— Et ces documents, que comptez-vous en faire, professeur Sauerwald ? demande-t-elle, sans tenir compte de ses avertissements.

— Je compte les remettre à mes supérieurs dans le rapport que je dois leur rendre, sous peu.

— Eh bien, j'ai une autre suggestion.

— Quoi, par exemple ?

— Par exemple, ils pourraient disparaître.

— Disparaître ?

— Oui, vous pourriez les déchirer, et, ainsi, ils n'existeraient plus, ajouta-t-elle, en ouvrant son sac, d'un air suggestif. N'est-ce pas, professeur Sauerwald ?

— Que feriez-vous des livres ? ajoute-t-il, après un silence.

— Quels livres ?

— Ceux du Verlag. Ils ne peuvent pas disparaître, eux. Qu'en feriez-vous si vous rachetiez la maison d'édition ?

— Je les garderais ou alors je les publierais.

— Vous n'avez pas le droit de les faire sortir du pays. Par ailleurs, vous ne pouvez pas les publier non plus…

— Alors quelle est la solution ?

— Sachez que le Reich a l'intention de liquider le problème psychanalytique. La psychanalyse est une science juive, et même, pire qu'une science, c'est une diffusion de l'idéologie sémite dans la culture germanique. D'ailleurs, d'après ce que j'ai compris, votre Freud est en train de travailler sur Moïse.

— En effet. La psychanalyse est une entreprise de questionnement radical, qui ne laisse rien ni personne indemne. Même Moïse, voyez-vous.

— C'est en cela que c'est une science juive !

Anton Sauerwald se lève, fait quelques pas dans le bureau, allume un cigare, puis en la regardant fixement :

— Comment se sent-il en ce moment ?

— Le docteur Freud se sent bien diminué. Sa mâchoire le fait beaucoup souffrir. Il est temps qu'il parte. Je pense qu'il est prêt, ajoute Marie, en sachant pourtant qu'il n'en est rien.

— Vous savez qu'il doit quitter l'appartement au mois de juillet.

— Je pourrais aussi le racheter.

— Vos moyens seraient-ils illimités, princesse ?

— J'ai en effet une fortune qui me permet d'acquérir à peu près ce que je veux en ce monde, dit-elle, en se levant.

« À ce sujet, je voulais vous demander si je pouvais avoir accès à certains documents très personnels du docteur Freud, qui sont à la banque Rothschild.

— Quel genre de documents ?

— Il s'agit de lettres. D'une correspondance privée entre le docteur Freud et son ami le docteur Fliess.

— Vous pensez pouvoir tout avoir, princesse Bonaparte. Mais il y a quelque chose que vous ne pouvez pas obtenir, même avec votre argent.

Il y a un silence.

— À quoi pensez-vous ?

— À son esprit, dit-il en désignant la photo imprimée sur la quatrième de couverture du livre qui est posé sur son bureau : *L'Interprétation des rêves.*

13.

Le manuscrit est ouvert devant lui, posé sur le bureau. Il s'installe sur son siège et prend sa plume pour en poursuivre l'écriture.

Moïse : sa statue du Commandeur. C'est à lui qu'il désire s'affronter à présent. Depuis qu'il a vu la sculpture de Michel-Ange dans la basilique de Saint-Pierre-aux-Liens, il ne cesse d'y penser. Jamais œuvre n'a eu un tel effet sur lui. Subjugué par le regard courroucé et presque méprisant de la statue, il a pensé au Moïse de son enfance, lorsqu'il observait les images de la Bible paternelle. À l'inverse du héros qui a brisé les premières tables, sa réplique en marbre montre celles-ci entières et serrées contre lui. Certains pensent que la statue représente le répit que le prophète s'est accordé avant de les casser. Mais lui, Sigmund Freud, l'interprète différemment : et si c'était Moïse qui maîtrisait sa colère ?

À cette époque, il était en conflit avec Carl Gustav Jung. Il comparait son disciple au Josué de la sortie d'Égypte car il avait pour rôle de sortir la psychanalyse de sa réputation de science juive, qui la condamnait à être marginalisée. Lorsqu'il s'était fâché avec lui, il aurait eu besoin de rester calme, comme le Moïse de la statue. Il aurait fallu qu'il puisse vaincre sa propre passion au nom d'une mission supérieure comme il se l'était souvent dit. Mais à présent, il se félicitait d'avoir rompu avec Jung, depuis qu'il avait lu son article intitulé : « Différences indéniables dans la psychologie des nations et des races. » Il en était encore bouleversé. Il l'avait aimé de cette amitié fusionnelle qu'il avait déjà éprouvée auparavant pour Wilhelm Fliess. Ensemble, ils avaient organisé nombre de séminaires, de congrès et de voyages. Il lui avait même confié la direction de la Société internationale de psychanalyse et il avait insisté pour qu'il créât le *Jahrbuch*, cette revue de psychanalyse qui devait promouvoir les théories du maître et de ses compagnons. Comment un esprit aussi brillant pouvait-il se tromper ainsi et s'adonner au pire ? Plus dérangeante était la question lorsque l'on pensait que cet esprit avait été psychanalysé. La psychanalyse était-elle impuissante face à la prégnance de l'idéologie nazie ?

Dans le tiroir de son bureau, le vieil homme prend une petite boîte, où il trouve un peu de poudre blanche, qui lui rappelle ses années de jeunesse. Il la hume, puis se l'administre par le nez, ainsi que Wilhelm Fliess lui a appris à le faire. Mille et un souvenirs lui reviennent, du temps où il était à Paris et où il explorait les effets de la feuille de coca. Il étudiait avec Charcot : c'était là que tout avait commencé, lorsqu'il avait compris que la cause de l'hystérie n'était pas organique mais psychologique. Il repense à ces années dans la capitale. Temps béni où il découvrait la vie, les cafés, les soirées mondaines, les sorties. À l'époque, la cocaïne lui permettait d'être un bon convive dans les dîners. Dans son article « Cocaïnomanie et cocaïnophobie », il avait défendu ses vertus contre ses détracteurs. La cocaïne lui déliait la langue, lui qui était timide. Elle lui permettait de parler librement, de se sentir à l'aise, de jongler avec les idées à la manière d'un romancier. Il l'avait même conseillée à Martha, et aussi à des amis qui en avaient abusé. La cocaïne avait soigné son propre père – Jakob Freud – opéré de la cataracte sous anesthésie.

À présent qu'il est malade, ce n'est plus à titre de chercheur qu'il en prend, pour tester ses effets sur sa personne. Il en a besoin. Les effets de la drogue sont bénéfiques pour ses maux de tête et sa stimulation psychologique et intellectuelle. Mais il n'en est pas dépendant comme il peut l'être du tabac. Malgré toutes les recommandations médicales, il n'est pas parvenu à arrêter de fumer ses chers Trabucos, qui dopent ses possibilités créatives.

En pensant à Fliess, il se prend à sourire. Il a souvent eu des amitiés fortes avec ses collègues, ses disciples, devenus confidents et amis, mais cette amitié-ci a de loin dépassé tout ce qu'il a connu. Et aujourd'hui qu'il est âgé, il n'en reste que des souvenirs, des regrets – et des lettres.

Il en a écrit d'autres, depuis Fliess. Des milliers de pages, où il raconte sa vie. Avec Karl Abraham, son cadet de vingt et un ans, qui l'appelle « vénéré maître », il donne libre cours à son côté juif et même sa culture yiddish, et parle beaucoup de l'Association psychanalytique internationale que son élève a présidée après la démission de Jung. Abraham l'a soutenu envers et contre tous, et surtout contre Carl Gustav qu'il a bien connu pour avoir travaillé avec lui. Karl lui a rendu le sentiment de sécurité qu'il a perdu après la déception de la rupture avec Fliess.

Avec Sándor Ferenczi, qu'il a psychanalysé et avec qui il a échangé un millier de lettres, remplies de phrases humoristiques et d'anecdotes tirées du folklore yiddish, les échanges se voulaient cliniques, car du point de vue de la technique et de la théorie psychanalytique, l'élève était davantage en désaccord avec le maître que ne l'était Karl. Son indulgence et sa permissivité par rapport à ses patients choquaient le fondateur de la psychanalyse. Mais il aimait son originalité et sa générosité prolixe, ainsi que la maîtrise de son sujet lorsqu'il publia son œuvre maîtresse, *Thalassa*. De plus, il était un compagnon de voyage fort agréable, qui l'aidait chaque année à préparer ses vacances. Il se souviendra toujours de leur joyeuse expédition en Sicile, qui a scellé leur amitié. Martha aussi l'aimait beaucoup, depuis qu'il leur avait envoyé des colis de nourriture et de sucreries pendant la guerre, lorsqu'ils n'avaient rien à manger.

Mais avec Fliess, c'était différent. Wilhelm n'était pas son disciple : avec lui, il parlait d'égal à égal. Il était son confident, son frère, son plus proche ami. Il doit retrouver ces lettres, ces fameuses lettres qu'il lui a adressées. Il s'en veut à présent d'avoir autant écrit. Sa passion épistolaire avait commencé lorsqu'il s'était éloigné de sa fiancée pour ses études : il lui avait envoyé, près de mille lettres, dans lesquelles il racontait ses émois de jeune chercheur, de voyageur, et d'amoureux. Il l'avait aimée dès qu'il l'avait vue, et il savait que dorénavant, sa vie n'aurait plus de sens sans elle. Les lettres lui permettaient de combler le manque, et d'affirmer sa présence auprès de l'élue de son cœur, qu'il devait quitter pour faire ses études afin de pouvoir l'épouser. Il grattait sur le papier ce qu'il voulait graver dans son cœur, et de son corps, ses mains refermées autour de sa plume, il transcrivait des pensées qui lui étaient révélées alors même qu'il les écrivait ; car ainsi naît l'idée. Écrire lui permettait d'aimer, de réfléchir et de vivre. C'était une forme de travail intellectuel et une forme de plaisir aussi, qui n'avait pas le caractère éphémère des joies corporelles, mais qui était transcendé par la satisfaction d'avoir réalisé une œuvre : une béatitude. Par ses lettres, il prenait Martha dans ses bras, il lui murmurait des mots tout bas, des mots qu'on ne dit pas, de ceux qui sont plus faciles à coucher sur le papier, lorsque l'absence crée de la distance, abolie soudain par les lettres qui les réunissaient, l'espace d'un instant, le temps de la lecture. Quelle joie de penser qu'elle allait poser son regard sur ses mots ! Qu'elle sentirait son cœur palpiter devant certaines de ses formules, qu'elle pourrait sourire, aussi, à l'évocation de certaines anecdotes. Il savait qu'elle les tiendrait dans ses mains, que ses yeux avides les fouilleraient, qu'elle les porterait contre son cœur, qu'elle pourrait aussi les relire, et que les lettres seraient son existence même, à la fois matérielle et immatérielle, dans une certaine forme d'éternité, puisqu'elles lui survivraient.

Plus tard, il écrivit à ses enfants, pour leur témoigner son affection de père et de grand-père aimant au milieu des tourments. Il terminait toujours par *Cordiales salutations* ou *Salut de tout cœur à tous,* alors que sa famille d'Angleterre avait droit à des formules plus chaleureuses telles que *Je vous embrasse,* ou *Très affectueusement.* Avec tous ceux dont l'absence lui paraissait difficile à supporter, il éprouvait le besoin de raconter les événements de sa vie. Lettres d'amitié, de sollicitude, de conseils, de congratulations, de maintien du lien, ce lien si important, si essentiel avec les êtres chers, lettres de dialogues, de don, d'échanges d'idées ou de demandes de conseils, lettres de réponses aussi, lettres de joie ou de détresse, d'annonces d'heureux événements ou de mauvaises nouvelles, consolations, partages épistolaires, pour prendre le stylo et décrire ses sentiments ou ses thèses, gratter le papier de sa plume minutieuse, trépidante ou fatiguée au milieu de la nuit, avant de renfermer soigneusement l'enveloppe, de l'humecter de sa salive et d'y mettre le timbre pour la poster : toutes les lettres sont des lettres d'amour.

À Fliess, il a écrit des centaines de lettres. À l'évocation de son ami, les yeux de Freud s'embuent de larmes. Chaque fois qu'il pense à lui, il est submergé par l'émotion. Il le revoit, tel qu'il était. Un bel homme, brun et barbu comme lui, avec un regard d'une étonnante intensité. Très intelligent, féru d'astrologie, de numérologie et de sexologie, il était un original, un fantaisiste – ce qui contrastait avec le rigorisme scientifique de Freud. Il avait échafaudé une théorie mi-médicale, mi-astrale, selon laquelle il existerait un rapport étroit entre la muqueuse nasale et les activités sexuelles, qui étaient dépendantes selon lui des périodes de menstruation. Ces périodes organisaient le règne animal et astral. Ainsi il affirmait que le chiffre 28 était celui du féminin, alors que le chiffre 23 était celui du masculin.

Il dialoguait avec lui, afin de trouver les principes du fonctionnement psychique à partir des traumatismes de l'enfance. Il lui avait raconté ses débuts de thérapeute, lorsqu'il eut l'idée de la technique psychanalytique. Il fallait qu'il pût lui trouver des fondements concrets. Les lettres assurément, en furent les prémices. Celles adressées à Fliess étaient différentes des autres : il avait pour lui le respect que l'on a face à un supérieur, un maître. Alors qu'il considérait ses destinataires comme des élèves, des fils ou des disciples, il ressentait pour Fliess une admiration qui conférait à la dévotion. Mais les missives qu'il lui avait adressées ne contenaient pas seulement de longs échanges théoriques par lesquels il construisait son œuvre et sa méthode, elles cachaient également des secrets. Des révélations intimes, des confidences, des confessions – de celles que l'on ne fait à personne. Même pas à sa femme. Même pas à soi-même.

14.

Tout avait commencé à l'automne 1887.

Freud et Fliess s'étaient rencontrés grâce à Joseph Breuer qui avait conseillé au jeune oto-rhino-laryngologiste d'assister aux conférences de neurologie du père de la psychanalyse. Il était venu le voir, un jour, à la fin d'un cours. Entre eux, dès le départ, ce fut le coup de foudre. Freud avait tout de suite compris qu'il avait rencontré la personne qui serait essentielle dans sa vie. Il n'aurait pas su dire pourquoi, ni comment, mais ce fut ainsi. Comme une évidence.

Après avoir assisté à sa conférence, Fliess écrivit une lettre au docteur Freud, qui fut la première d'une très longue série. Au début, ils s'adressaient des clients. Puis, de collaborateurs ils devinrent collègues, ils travaillèrent ensemble, discutèrent et disputèrent des moindres points de sa théorie. Ainsi donc, à distance, ils se racontèrent leur vie, s'offrirent des cadeaux, s'envoyèrent des photos et peu à peu, leur correspondance devint de plus en plus dense, intense, espérée et attendue. Ils devinrent amis : pour le meilleur et pour le pire. Ensemble, ils voyagèrent, allèrent très haut sur les cimes de la pensée, et des liens affectifs entre deux êtres humains, ensemble, ils s'analysèrent, et ensemble aussi ils frôlèrent la mort.

Freud, à trente-sept ans, déjà père de six enfants, allait vivre une amitié passionnée, qui l'amena à se confier, à se confesser à Fliess, comme à nul autre être au monde. Toutes les angoisses, toutes les idées qu'il avait, il les soumettait à son jugement, et il attendait avec anxiété son approbation ou ses critiques, avant de les reformuler dans ses livres. Une lettre de Fliess était comme un délice, que Freud aimait à déguster lentement, avec un cigare, dans son bureau. Avant de lui répondre, il réfléchissait aux formulations, se relisait, se corrigeait et recommençait parfois avant d'apposer sa signature au bas de la page.

Ils se retrouvaient à Vienne ou à Berlin et, à chaque fois, leurs rencontres étaient des moments uniques, qui n'appartenaient qu'à eux, et qu'ils appelaient leurs « Congrès ». Des séjours de deux ou trois jours qu'ils passaient à la campagne, loin du monde, loin de leur travail et de leur milieu familial. Ils choisissaient des petits hôtels charmants pour leurs escapades. Là, ils se consacraient à la libre association spéculative et scientifique. Ils prenaient de la cocaïne, et ils réinventaient le monde.

Fliess était drôle, prolixe, inventif. Il était un bâtisseur infatigable de théories, parfois rocambolesques, parfois réellement stimulantes. Ensemble, ils riaient. Les angoisses disparaissaient. Freud se sentait bien. Il n'avait pas peur de prendre le train. Il n'avait plus mal nulle part. Dans les premiers temps de leurs échanges, Freud avait des troubles somatiques envahissants, des maux de tête, des tensions cardiaques persistantes, des oppressions, des brûlures, ou encore une sorte de chaleur intense dans le bras gauche... Fliess lui disait d'arrêter de fumer – ce qu'il fit pendant un certain temps. Il n'avait jamais été aussi heureux. La plupart des Congrès de l'Association psychanalytique internationale se sont tenus dans ces endroits où Fliess et lui se retrouvaient : c'était sans doute pour revenir sur les lieux de ce passé qu'il regrettait.

Fliess était la personne qui lui donnait confiance en lui, lorsque les patients désertaient sa salle d'attente. Lorsque l'on se moquait de ses théories sur la sexualité et sur l'inconscient, il était celui qui ne doutait pas. C'est sans doute grâce à lui s'il avait eu le courage de poursuivre ses recherches dans le difficile domaine de la sexualité. Lorsqu'il lui parlait et qu'il croyait en lui, il se mettait à croire lui-même en ce qu'il disait. Il écrivait pour Fliess. Il pensait à lui. Il élaborait des théories pour lui plaire. Il disait qu'il le faisait parler, qu'il l'aidait à comprendre ce qu'il voulait dire. Il l'appelait le « spécialiste universel », ou encore le Messie. Il avait construit la psychanalyse en pensant à lui, sous sa confiance et, pour ainsi dire, sous son influence, car Fliess savait comme personne le pousser dans ses plus lointains retranchements.

Il croyait en tout ce que Fliess disait, même en ses théories numérologiques. Son livre sur les relations entre le nez et les organes génitaux féminins lui paraissait lumineux. Freud souriait intérieurement lorsqu'il s'en remémorait les premières phrases : « Au milieu du visage, entre les yeux, la bouche et les formations osseuses du cerveau antérieur et moyen, il y a le nez. »

Il l'appelait « le sphinx », celui qui voulait connaître le secret de l'homme. Il était fasciné par lui. Fliess était un poète, un mystique l'avait initié à la Kabbale. Il était toujours en quête de vérité. Ses idées l'inspiraient, car il offrait un point de vue différent sur le monde et l'âme humaine. Il aimait ses théories même lorsqu'elles étaient folles. Il suivait ses intuitions. Cette admiration qu'il portait à son ami alla jusqu'à lui faire croire qu'il pouvait résoudre le problème des relations sexuelles épanouies pour ceux qui ne veulent pas forcément avoir des enfants. Fliess lui avait communiqué une méthode contraceptive. Et c'est ainsi qu'il conçut Anna. Si elle avait été un garçon, il l'aurait appelée Wilhelm. Anna Freud, en somme, était un peu la fille qu'il avait eue avec Fliess. Ce n'était pas un hasard si elle devint son enfant la plus choyée et son disciple le plus dévoué.

Un jour, il fit un horrible cauchemar au sujet de Fliess, si terrible qu'il ne put l'interpréter que bien plus tard. Le personnage principal en était Irma, alias Emma Eckstein, que Freud traitait pour son hystérie. Il l'avait adressée à Fliess à Berlin, pour une intervention chirurgicale du nez que celui-ci préconisait pour traiter certains symptômes de cette affection psychique. Or il se trouva que Fliess oublia un demi-mètre de gaze imprégnée de teinture d'iode dans la cavité laissée par l'ablation d'un cornet du nez, ce qui provoqua une infection grave chez la patiente qu'il fallut réopérer. Une hémorragie s'ensuivit. La pauvre femme resta plusieurs jours entre la vie et la mort. Cette erreur médicale aurait pu être fatale à Emma qui en resta défigurée.

Ce fut un tournant dans leur relation. À partir de ce moment, Freud se mit à douter de son collègue, mais sans vouloir se l'avouer. Emma ne leur en tint pas rigueur, elle devint même par la suite une des fidèles disciples de Freud, à qui elle demanda de la contrôler dans sa pratique de la psychanalyse. Mais pendant deux ans, le psychanalyste continua d'associer autour de ce rêve, qu'il raconta sous le titre « L'injection faite à Irma ». C'était pour lui le rêve des rêves, dans lequel il tentait de faire le point sur ses responsabilités en matière d'erreurs médicales. Il avait eu une confiance aveugle en Fliess, au point de remettre entre ses mains la vie d'une de ses patientes. Comment était-ce possible ? Que se serait-il passé si Emma était morte des suites de son oubli ? Et quel sens avait-il ? Cet événement le dissuada de toute collaboration avec son ami à propos des aspects organiques dans l'étiologie des névroses. Dès lors, Freud résolut de se consacrer à un traitement purement verbal des troubles psychiques, sans plus jamais y associer la chirurgie.

Après Emma, il ne confia plus de malades à Fliess. Mais il continuait de lui écrire. Il avait encore trop besoin de lui pour poursuivre sa propre analyse, il refusait inconsciemment d'y voir clair.

Il l'a aimé – il n'y a pas d'autre mot. La relation à Fliess est sans doute la plus forte, la plus intense, la plus passionnelle et les moments passés avec lui, tout comme leurs échanges épistolaires, resteront à jamais gravés dans sa mémoire comme les plus beaux moments de son existence. Est-ce qu'il n'avait pas supporté qu'il le mît face à sa bisexualité ? Il avait envisagé cette hypothèse. Peut-être y avait-il un problème d'identité sexuelle non résolu. Freud se fait la réflexion que les questions sexuelles l'intéressent personnellement moins qu'elles n'intéressent et ne préoccupent la plupart des gens. En parler a toujours été compliqué pour lui, et il se sent mal à l'aise au milieu de ceux qui aiment à en plaisanter. Il est très pudique, et même puritain. Fliess, lui, n'avait pas peur d'affronter ces questions-là, même sous leur aspect le plus dérangeant. Fliess pensait que tout le monde avait une prédisposition envers l'un et l'autre sexe. Jamais il n'avait rencontré quelqu'un qui fût aussi libre intellectuellement.

Freud se sent soudain rempli de gratitude envers Fliess. Il aurait voulu le remercier pour la consolation, la compréhension, l'encouragement, qu'il lui a apportés dans sa solitude ; il lui a fait saisir le sens de l'existence... C'est avant tout son exemple qui lui permit d'acquérir la force de se fier à son propre jugement et d'affronter, comme lui, avec une résignation voulue, certaines épreuves que la vie lui a réservées.

Mais il a toujours cherché à établir son pouvoir sur ses rivaux, même à tort, sur ses frères aînés, sur son neveu John et même sur son père. Il ne voulait pas paraître le plus faible. Il n'a pas supporté qu'il y eût une rivalité entre eux. Dans une lettre, Fliess lui avait écrit : « Le liseur de pensées ne fait que lire chez les autres ses propres pensées. » Et Freud lui avait répondu : « Si je suis celui-là, il ne te reste plus qu'à jeter dans la corbeille à papier sans la lire ma *Psychanalyse de la vie quotidienne*. » Car avec cette phrase assassine, il annulait toute la psychanalyse et son principe fondamental !

Il sait pour quelle raison il la lui avait dite. Et il sait aussi pourquoi il a fermé les yeux.

15.

Sauerwald rentre tard chez lui, ce soir-là. Sa femme dort déjà, et il s'installe sur le canapé du salon, avec le dossier qu'il a rapporté de la banque Rothschild. D'une main gantée, il en défait les nœuds, et en sort un paquet de lettres. Il est curieux de voir ce qu'elles contiennent.

Depuis qu'il travaille sur Freud, il se sent dans un état bizarre. Il est traversé d'idées, de souvenirs et d'une mémoire sensorielle qui vient d'ailleurs. Peut-être de chez l'analyste, dont les innombrables objets le hantent, tels des fétiches. Son antre est-il un temple maléfique dont les statues lui auraient jeté un sort ? Sa femme lui a bien dit de se méfier de ces Juifs qui ont des pouvoirs occultes.

Il pose les lettres sur la table, et allume une cigarette. Il se sent soudain épuisé, comme pris par une fatigue psychique, intérieure, profonde. Des souvenirs lui reviennent en mémoire, qu'il croyait avoir oubliés. Il sent une boule d'angoisse lui étreindre la gorge. Il s'allonge sur le canapé de son salon et ferme les yeux pendant un moment. Lorsqu'il les ouvre, tout est vide autour de lui. Il n'y a pas de bibelots, de statues, juste un tapis noir uni, des meubles de bois massif, froids ; un mur blanc, où une reproduction est accrochée, la figure d'un homme au visage inexpressif, qui est celle de son grand-père. Il pense à l'appartement de ses parents, où il a grandi, avec ses sœurs. Cette peinture était accrochée dans le couloir. Un long couloir sombre qui menait vers sa chambre, une petite pièce à la mince fenêtre qui donnait sur une cour, où il n'y avait qu'un lit, une commode et une bibliothèque.

Soudain, il sent cette odeur : une odeur forte, insoutenable. Il aurait voulu mettre du parfum pour la recouvrir, mais il ne parvient pas à masquer son sillage. L'odeur de la peur ? La sueur ruisselle contre son corps, glissant de ses aisselles, répandant son âcreté dans toute la pièce.

Il se lève en sursautant, pour mettre fin à cette attaque panique qui est en train de le saisir, et tente de reprendre ses esprits. Il ouvre l'armoire et se sert un verre d'alcool, qu'il boit d'un trait, avant de prendre place devant la table où sont dispersées les lettres. Il se met à les lire, comme pour y chercher une réponse.

Il assiste à la naissance de la psychanalyse, par tâtonnements et par approches successives. Freud soumettait ses idées à Fliess, qui l'encourageait à aller plus loin, toujours plus loin, il lui proposait d'autres directions, qui appelaient des commentaires, et ainsi de suite, du corps à l'âme, de la biologie médicale à la science du psychisme, selon le même dynamisme, la même rigueur à créer une nouvelle théorie de l'homme. C'était un dosage chimique où l'expérimentation se faisait dans l'éprouvette du vivant, âme et corps. Ensemble ils se livraient à l'observation du comportement humain pour tenter d'en tirer des lois, des principes et des classifications. Le principe de plaisir, le principe de réalité, le ça, le moi, le surmoi. Ils cherchaient le sens de la vie, et ce sens, ils l'avaient trouvé dans le désir, la pulsion vitale : la sexualité. C'était un renversement total de tous les paradigmes de la pensée jusqu'à présent figés chez les esprits bien-pensants. C'était de la chimie. Freud prenait des éléments de la vie quotidienne, auxquels tous étaient confrontés, il les décomposait pour leur donner un sens. C'était lui, le sphinx qui avait compris l'énigme de l'homme.

Il comprend également à quel point l'amitié entre Freud et Fliess était forte. Freud lui écrivait des véritables déclarations : « Des gens comme toi ne devraient pas mourir ; pour notre repos, nous avons besoin de beaucoup de gens comme toi. Combien je te dois : consolation, compréhension, stimulation dans ma solitude, sens donné à ma vie grâce à toi et, pour finir, la santé même que personne ne pouvait me rendre. » La complicité intellectuelle qui les liait était aussi intense que les liens personnels et émotionnels, comme si deux âmes sœurs s'étaient rencontrées. Cela lui paraît étrange, lui qui n'a pas vraiment d'ami. Et pourtant… Pourquoi s'étaient-ils fâchés, alors que cela paraissait invraisemblable ? Pour quelle obscure raison avaient-ils rompu ? Car il s'agissait bien d'une rupture amoureuse. Quel était donc le secret de Sigmund Freud ?

Il continue à lire, jusque tard dans la nuit. Enfin, au petit matin, vient le moment où il comprend pourquoi Freud veut récupérer ces lettres. Un aveu, un simple aveu, dont la teneur l'angoisse, du plus profond de son être. À nouveau, les souvenirs d'enfance remontent à la surface de sa conscience et il se met à trembler, comme s'il avait peur, sans pouvoir contrôler les mouvements spasmodiques de ses mains.

Il sait qu'il aurait besoin d'être aidé. Que quelqu'un l'écoute. Quelqu'un qui ne le juge pas. Quelqu'un qui reste neutre face à ce qu'il a à dire, mais aussi bienveillant. Un regard qui l'aiderait à transcender le néant.

16.

— Bonjour professeur, dit Sauerwald, en entrant dans son bureau.

Freud se lève pour saluer le nazi et, d'un geste, l'invite à prendre place sur le siège en face de lui.

Sauerwald s'assied, et regarde tout autour de lui avec curiosité. Il considère pendant un instant la reproduction du tableau d'Ingres représentant Œdipe questionné par le Sphinx qui se trouve au pied du canapé, près du poêle.

Puis son regard se pose sur la tête de la femme grecque du Ve siècle avant l'ère courante, ainsi que sur la broche chinoise, de jade et d'or, qui appartient à Anna. Freud ne peut s'empêcher de frissonner en pensant à ce que sa fille a enduré, et aux dangers qu'elle a courus en allant à l'interrogatoire à sa place. Quelle femme vaillante, comme sa mère ! Est-ce maintenant son tour ? Il se sent affaibli, sans force. Mais il ne se courbera pas, comme son père l'avait fait devant l'antisémite.

Sauerwald observe tout avec curiosité. L'antiquité pré-inca, le bouddha en ivoire, la belle statue d'Éros, un scribe égyptien en bois, la figure féminine minoenne-mycénienne qui date de 1400.

Son regard se pose enfin sur le divan, recouvert du lourd tapis, au-dessus duquel un vestige est suspendu : une figurine de plâtre parée d'une branche de papyrus séché, qui représente un buste de femme.

Il y a un instant de silence, durant lequel les deux hommes se jaugent, comme s'ils s'affrontaient.

— Docteur Freud, commence Sauerwald. Je suis venu vous annoncer que votre appartement a été réquisitionné par le Reich. Vous devez quitter les lieux et le vider de tous ses objets. Par ailleurs, j'ai à ma disposition certains documents vous concernant et qui attestent de la possession de comptes à l'étranger. Vous savez que ceux-ci sont strictement interdits.

Freud scrute son adversaire, en se demandant comment il pourrait tenter de rentrer dans cet esprit et s'il y a un moyen, un seul moyen de le faire, avec son arme de prédilection qui n'est autre que la parole. Non pas l'ironie socratique qui réduit l'autre à néant, mais la façon dont lui-même a interprété la maïeutique, comme forme de dialogue intérieur, par lequel l'autre se dévoile, à l'autre et à lui-même, jusqu'à s'effondrer, lorsque l'on sait lui poser les bonnes questions. Mais quelle est la bonne question face à ce visage grave, fermé et ce psychisme qui est parasité par l'idéologie antisémite ?

— Vous avez regardé la Gradiva, commence Freud, en désignant la figurine de plâtre. J'avoue que j'ai une tendresse particulière pour cet objet.

Il emploie souvent cette méthode pour briser la glace avec ses patients. Il utilise une statuette qui a retenu son regard, et il initie le dialogue en posant des questions générales ou innocentes.

— C'est son emplacement, à cet endroit, qui m'étonne.

— Ah, vous voulez savoir pour quelle raison je l'ai mise là, juste devant le divan ? C'est une longue histoire. Peut-être va-t-elle vous intéresser ? Je me rappelle le jour où elle est arrivée, il y a à présent plus de trente ans, lorsque Carl Gustav Jung m'avait conseillé de lire une fiction de Wilhelm Jensen qui venait d'être publiée et qui parlait d'antiquités, dont je suis passionné. Je l'ai achetée car elle correspondait à ce personnage dont il parle dans son livre, la Gradiva.

« Cette nouvelle raconte l'histoire d'un jeune archéologue, Norbert Hanold, fasciné par le moulage qu'il possédait d'un bas-relief romain représentant une jeune femme en train de marcher. Il l'avait nommée Gradiva, "Celle qui avance", à cause de son allure hiératique. Il rêva qu'en visitant la ville de Pompéi, il la rencontrait alors que le Vésuve entrait en éruption. Hanté par ce rêve, il décida de se rendre en Italie. Pendant qu'il se promenait dans la ville de

Pompéi, il crut soudain reconnaître la Gradiva dans la foule des visiteurs. En fait, la jeune femme qu'il prenait pour son obsession n'était autre que Zoé Bertgang, sa meilleure amie, qu'il connaissait depuis toujours. Elle avait revêtu la robe de la Gradiva, et l'avait suivi à son insu, afin d'attirer l'attention de celui qu'elle aimait secrètement. Cette expérience fut comme une guérison pour lui : elle lui permit de sortir de son délire.

« Cette histoire m'a passionnée, car elle illustre fort bien ma théorie du refoulement. Hanold a refoulé son désir pour son amie d'enfance sous sa passion archéologique.

« Voyez-vous, professeur Sauerwald, si j'ai placé cette statuette dans cet endroit, ce n'est pas par hasard. C'est pour rappeler à mes patients qu'avec l'analyse, ils entrent dans un autre niveau de réalité, cachée par leurs pulsions refoulées : comme celle qui avance, à l'instar de Gradiva, vers elle-même. Et comme la jeune Zoé du récit de Wilhelm Jensen, derrière leur masque de pierre, ils sont aussi des êtres de chair et de sang en quête d'amour.

— C'est ainsi que vous les guérissez, en mettant au jour leurs pulsions refoulées ?

— Ce qui les guérit en vérité, c'est plutôt le transfert. C'est-à-dire l'amour qu'ils ressentent pour l'analyste, accompagné des sentiments qu'ils projettent sur lui. C'est la raison pour laquelle je les écoute, afin de les guider vers la délivrance psychique qu'ils n'ont pas pu trouver jusque-là, parce que personne ne les a entendus. Leur âme est comme une lettre qui n'a pas été lue, et que je décrypte.

— J'ai écrit des lettres à mon père, dit Sauerwald, après un silence. J'ai découvert, après sa mort, qu'il ne les avait même pas ouvertes. Je les ai retrouvées fermées, alors qu'elles étaient parvenues à leur destinataire.

Freud considère son adversaire avec son regard pénétrant et se demande s'il serait à même de pratiquer la neutralité bienveillante avec un nazi ou s'il est en train de rencontrer les limites de sa théorie, et, par là même, de la possibilité de la cure psychanalytique en face du Mal.

Au même moment, son instinct et son écoute d'analyste lui font entendre qu'il est en train de se jouer là, entre lui et cet homme, un moment décisif, un tournant qu'il ne peut pas ne pas saisir, s'il désire sauver sa vie et celle de ses proches.

Et il réussit, par un effort surhumain, à entendre la part de souffrance exprimée par cet homme, comme par n'importe lequel de ses patients, cette part qu'il lui est intolérable d'écouter.

— Je cite toujours cet aphorisme, murmure-t-il : « Un rêve non interprété est comme une lettre qui n'aurait pas été ouverte. » Ces lettres sont vos rêves. Au moins en les écrivant, vous avez pu abolir la distance qu'il avait mise entre vous et lui. Elles ont eu une utilité, celle de vous ressaisir dans une relation indispensable à votre santé psychique. La signification d'une lettre, quelle qu'elle soit, change-t-elle si elle parvient au destinataire ? L'essentiel, n'est-ce pas qu'on puisse trouver l'opportunité de l'écrire pour y revenir et trouver les traces de notre expérience passée ? Et comprendre, à travers tout ce qu'on a oublié, l'ampleur du refoulement. Se redécouvrir soi-même, tel qu'on était, et tel que l'on ne s'est jamais vu... En ce sens, il n'y a rien de plus réel que les lettres. Et rien de plus vrai. Ce sont nos vestiges et les relire, c'est être l'archéologue de nos cœurs et de nos âmes.

— Je les ai relues après sa mort, dit Sauerwald. C'était comme si je me les étais adressées à moi-même. J'étais étonné de m'y découvrir. Puisque, en face de moi, il n'y avait qu'un mur... On ne peut pas faire face au manquement d'un père, n'est-ce pas, professeur Freud ?

— Pourtant, vous avez bien réussi, dit Freud. Par l'étude, la lecture.

— Et l'écriture. À vingt-quatre ans, j'avais déjà plusieurs publications à mon actif.

— Pourquoi avez-vous choisi la chimie ?

— J'avais un oncle qui était chimiste. Je l'aimais beaucoup. Il était le seul à me parler, à s'intéresser à moi. Il m'expliquait ce qu'il faisait. J'étais fasciné par ce que l'on peut effectuer avec les substances et les métaux.

— Les bombes...

— On peut tout pulvériser.

— Ainsi, vous et moi, nous faisons un peu le même métier, dit Freud. Que faisiez-vous à vingt ans ?

— À vingt ans, j'étais très agité. Je vivais un peu chez mes parents, un peu chez des amis, ou chez mes sœurs, qui étaient mariées. J'ai voyagé. J'étais en révolte contre mon père et son ordre. Mon père qui m'a enseigné l'obéissance. Pour lui désobéir, je me suis inscrit dans des clubs secrets… Ces clubs où on apprend à se battre, et où on organise des duels. Je me suis mis en danger, c'est vrai. Cela me plaisait de le faire… Quand je me battais, je revoyais des scènes de mon enfance… Et je frappais… Je frappais… Je mettais mes adversaires en sang… Après j'étais content. Cela me plaît d'imaginer que mes bombes ont explosé… Vous comprenez ?

— Vous lui en vouliez, n'est-ce pas ? Mais de quoi ? D'avoir été là, ou de ne pas avoir été là ?

Soudain, Sauerwald se reprend, comme s'il prenait conscience qu'il s'était laissé piéger, voire hypnotiser, par l'analyste.

— Je vous ai lu, docteur Freud, et j'ai du respect pour ce que vous faites. Je ne suis pas contre la psychanalyse. Il est dommage que les psychanalystes juifs n'aient plus le droit de traiter les patients non juifs.

— Il faudrait trouver des psychanalystes non juifs.

— Le problème, c'est qu'il n'y en a pas.

— Que faire des patients, alors ?

— Que faire des Juifs ? dit Sauerwald, en se levant.

17.

Anton Sauerwald sort du 19, Berggasse et avance d'un pas rapide, sans trop savoir où il va. Il marche longtemps, à travers la ville. Il pense rentrer chez lui mais son instinct le guide vers le quartier de Leopoldstadt où se trouve le Prater. Il fait beau sur le grand parc, un soleil timide darde de ses rayons les étendues vertes où il avait l'habitude de se promener, lorsqu'il était enfant. Le vent fait bruisser les arbres monumentaux. Il emprunte la grande allée bordée de peupliers noirs, puis la quitte pour un sentier qui s'enfonce dans les bois, ombragé par les chênes, les ormes et les érables. Il passe devant un immense cerisier aux multiples troncs. Il a l'impression de l'avoir déjà vu. Il a peur de se perdre, et pourtant il en a envie. Il a mal à la tête. Les piaillements des oiseaux deviennent des hurlements stridents. Les feuilles des arbres palpitent sous le vent, d'une manière inquiétante. Il a l'impression que les branches sont des bras qui vont bientôt l'agripper.

Il continue d'avancer sans savoir où il va, incapable de penser à autre chose qu'à cette séance – puisqu'il faut bien l'appeler ainsi – dont les mots tournoient dans sa tête. Il se souvient de certains cauchemars, ceux où on le pourchasse pour le tuer.

Il est envahi par l'image obsédante du psychanalyste, il n'arrête pas de penser à ce qu'il lui a dit. Il imagine la suite de leur conversation.

— *C'est étrange... il me semble avoir failli dans tout ce que j'ai entrepris. J'avais commencé un parcours universitaire brillant, que j'ai abandonné. J'aurais pu devenir professeur dans le sillage de Joseph Herzig. Au lieu de cela, j'ai fait des bombes, dont j'ai déjoué les mécanismes. Comme s'il fallait que je décompose ce que j'ai fait.*

— *Et vous vous en voulez ?*

— *Non, j'ai l'impression de ne pas être capable de réussir ce que j'entreprends. De détruire au lieu de construire. Je devrais brûler vos livres, spolier vos antiquités et vous faire fusiller.*

— *Je le vois plutôt comme un instinct de survie qui vous dicte de vous sortir de situations désagréables dans lesquelles vous vous mettez...*

Il sait que Freud l'a impressionné, bouleversé même, il pense qu'il détient en effet, sinon la clef du psychisme, du moins celle du chemin qui mène à son inconscient, puisqu'il faut bien admettre cette hypothèse. Toutes ces choses qu'il croit avoir oubliées viennent de lui, il en est convaincu à présent. Son esprit scientifique, sa formation rigoureuse l'obligent à reconnaître la vérité et l'authenticité de ce que le psychanalyste a mis en évidence.

Soudain une image lui vient. Celle de ce long couloir sombre, qui mène à sa chambre, à côté de celle de ses sœurs. Ces petits détails qui n'en sont pas. Lorsque, du sein du foyer familial, c'est le danger qui surgit. Un peu comme quand on vous traque dans votre propre pays. Son rêve de la nuit passée lui revient en mémoire. Un homme dont il n'aperçoit pas le visage le terrifie et le menace. Il pense qu'il va le tuer. Saisi de panique, il parvient à sortir et crie pour prévenir la gardienne de son immeuble. Un homme et une femme se trouvent là, et il descend avec eux pour échapper à celui qui lui fait peur. Qui sont ces personnages ?

En y pensant, tout se met à tourner autour de lui. Les battements cardiaques s'accélèrent, au point de soulever sa poitrine. Une angoisse indicible le saisit, et l'empêche de respirer, comme si une main lui serrait la gorge. Il entend des mots, des phrases, des menaces. Des halètements, un bruit de respiration saccadée. Un secret. Il ne faut rien dire. Il faut se taire. Tes sœurs ne doivent pas savoir. Des gouttes de sueur perlent sur son front. Des formes, des bruits sourds. La pénombre, puis la lumière. Des pleurs. Des cris. Des chuchotements. Une main sur la bouche. Autour de son cou ?

Il s'arrête, s'assied sur un banc. Il sait qu'il a besoin de réfléchir. Des pensées, des images le traversent avec fulgurance, mais il ne parvient pas à les retenir. Elles repartent aussitôt, elles lui échappent. Tout autour de lui, les arbres millénaires, les pelouses et le lac composent un paysage serein. Le soleil donne des reflets argentés aux feuilles des arbres. Devant, il aperçoit la grande roue, et les montagnes russes. Il comprend pour quelle raison son inconscient l'a emmené à cet endroit. Il ne peut s'empêcher de frissonner en les regardant. Quand il était enfant, son oncle l'emmenait jouer au Prater. Il lui parlait, lui expliquait la chimie. Il l'aimait bien. Il comblait le vide que lui laissait la froideur de son père. Ils rentraient en fin d'après-midi, dans le sombre appartement, et c'était à ce moment que cela se passait. Le bain, puis le pyjama, la chambre… Son oncle venait le voir. Il se glissait dans son lit, contre lui. Cette ambivalence, elle venait de lui. Défaire ce que l'on a construit. Reprendre ce que l'on a donné. Ainsi, c'était lui qui disait de ne rien dire de ce qui se passait le soir, sinon il le tuerait. Il aurait voulu en parler à son père, mais il ne le pouvait pas. Il savait qu'on ne l'aurait pas cru, pas entendu.

— *Vous lui en voulez, n'est-ce pas ? Mais de quoi ? D'avoir été là, ou de ne pas avoir été là ?*

Et soudain, un trou noir.

Quand il revient à lui, c'est le soir. Il fait presque nuit, mais pour lui, tout est clair. Il sait ce qu'il doit faire.

18.

Douce nuit viennoise, lorsque l'été s'annonce par une brise ou un souffle, lorsque l'on entend les bruits des pas dans la rue, comme au ralenti, lorsque les gens s'attardent, et, ici ou là, retentit le son d'une flûte, d'un piano, ou d'une mélodie triste à pleurer, qui s'échappe d'une église ou d'une maison.

Pour la première fois depuis l'Anschluss, la nuit est silencieuse. Cela fait des mois qu'elle a été fracturée par les cris et les hurlements. Patrouilles nocturnes, vandales, nazis allemands et autrichiens l'ont envahie pour semer l'épouvante. C'est comme une nuit de répit, une accalmie après l'orage, un nuage blanc dans un ciel sauvage.

Deux silhouettes se faufilent dans la rue désertée. Depuis que les autorités ont coupé le gaz chez les familles juives, chacun se terre chez soi, dans l'obscurité, en attendant l'aube pour que vienne le jour. Mais chaque jour, des hommes et des femmes disparaissent, d'autres partent lorsqu'ils le peuvent, et d'autres encore sont tués. Les individus passent sous le bandeau nazi, et font une pause devant le 19. Après une brève discussion à voix basse, ils poursuivent à pas feutrés jusqu'au 7, où ils s'arrêtent, avant de pousser la porte de bois et de pénétrer avec précaution dans le bâtiment qui abrite les éditions du Verlag.

C'est un homme et une femme, vêtus de couleurs sombres. L'homme a enfoncé une casquette noire, comme s'il avait peur d'être reconnu, et la femme, élégante, porte des gants et une voilette lui cache le visage.

Là, au premier étage, l'étrange couple pénètre dans l'appartement, et ils commencent aussitôt à s'affairer, à la lueur d'une bougie que l'homme a allumée pour pouvoir s'éclairer. Ils se dirigent vers la grande bibliothèque de la pièce principale, dont ils commencent à enlever les livres. Ils ont apporté des grands sacs de jute, dans lesquels ils déposent pêle-mêle *L'Interprétation des rêves*, *Psychopathologie de la vie quotidienne*, *Trois essais sur la théorie sexuelle*, *Inhibition, symptôme et angoisse*, *Cinq leçons sur la psychanalyse*, *Introduction à la psychanalyse*, *L'Avenir d'une illusion*, *L'Inquiétante Étrangeté*, *Malaise dans la civilisation*.

Ils prennent les ouvrages, parfois en exemplaire unique, parfois en deux ou trois volumes, et les enfouissent dans les sacs, à la lumière vacillante de leur cierge. La femme n'a pas enlevé ses gants, l'homme en a mis pour saisir les livres, et parfois, dans son élan, il s'arrête pour lire un titre, ou une quatrième de couverture.

— Celui-ci, murmure la voix féminine, en lui montrant un livre. Vous l'avez lu ? Je vous le conseille. Vous allez l'aimer ! Il y a beaucoup de cas pratiques, comme celui de Dora ou bien du petit Hans. Le petit Hans, savez-vous, avait développé une phobie qui l'empêchait d'aller dans la rue. Il avait une peur panique des chevaux. C'est ainsi que Freud a pu mettre en évidence sa peur de la castration et le complexe d'Œdipe qui le faisait culpabiliser de son désir de mort du père.

— Je préfère les écrits théoriques aux cas pratiques.

— Dans ce cas, vous devriez tout lire. La théorie se mêle si intimement à la pratique chez Freud. C'est cela qui est fascinant pour la pensée !

— Je n'aurai pas le temps, murmure l'autre. J'ai rendez-vous demain.

— Vous êtes sûr qu'ils seront protégés ?

— Le directeur de la Bibliothèque nationale apprécie les œuvres du docteur Freud. C'est là qu'ils seront le mieux cachés, croyez-moi, murmure Anton Sauerwald.

— En effet... Par une simple évidence, comme dans *La Lettre volée*, d'Edgar Poe, répond la princesse Bonaparte.

Soudain, ils se figent. Ils ont entendu un bruit qui vient de l'escalier. Des pas se rapprochent. Ils éteignent la bougie et se réfugient derrière une armoire. Ils se regardent, pendant un moment, en retenant leur souffle.

19.

Sigmund Freud regarde une dernière fois ce cabinet où il a vécu quarante-sept ans, au milieu de ses livres, de ses chères statuettes et de tous ces personnages qui ont marqué sa vie. Il pense à ses enfants, et puis à ses animaux dont les aboiements ont meublé le silence dans les pièces désertées.

Il faut partir, les bagages suivront ; la grosse malle brune contient tout le nécessaire pour vivre quelque temps en Angleterre. Le reste de ce qui a fait sa vie le suivra dans cet exil si lointain et si proche, puisqu'il abrite déjà ceux qui lui sont chers.

La voiture est en bas du 19, Berggasse. Martha y est déjà installée, avec Paula. Sigmund descend l'escalier, en s'appuyant sur Anna, il passe devant les fenêtres décorées de motifs peints en blanc. Arrivé au rez-de-chaussée, il s'arrête devant la porte vitrée au fond du couloir. Il jette un dernier regard vers les deux gracieuses jeunes femmes peintes en blanc. À travers la fenêtre, le soleil perce, qui envoie ses rayons en cette belle matinée de juin, et les fait apparaître comme par transparence. Sur l'une des portes, la Diane chasseresse tient un oiseau capturé grâce à son arc. Sur l'autre, elle porte un panier rempli de fruits, dont une grappe de raisin sur sa robe joliment relevée. La beauté, la démarche et les mouvements de ces deux jeunes femmes rappellent la Gradiva qu'il espère retrouver à Londres, avec le reste de ce qui forme son cabinet. Il pousse ces battants de porte qui ouvrent sur le jardin et il respire une dernière fois l'atmosphère de ce lieu qu'il a tant de fois contemplé pendant qu'il cherchait l'inspiration. Ils sortent et prennent place dans le taxi. Il fait une chaleur terrible en ce début du mois de juin. Freud ouvre la fenêtre, pour sentir le vent lui rafraîchir le visage et son regard s'attarde une dernière fois sur les monuments et les immeubles alignés le long des avenues.

Silencieux, il considère les édifices qu'il a l'habitude de côtoyer, lui qui ne les verra plus jamais. Il revoit en pensée le Café Central, ancien Palais Ferstel qu'il aimait fréquenter pour sa situation ombragée en été, et le café Landtmann qu'il appréciait pour sa grande terrasse couverte en hiver. C'est là qu'il s'entretenait avec Carl Gustav au temps où il cultivait l'espoir d'en faire son disciple et successeur.

La voiture longe quelques jardins, mais ils ne passent pas par le Prater, le parc de son enfance quand il habitait le quartier de Leopoldstadt : il ne le verra plus. Il se souvient des rêveries qu'il y a faites lorsqu'il réfléchissait à ses cas cliniques, et à l'élaboration des concepts qu'il a développés pour en faire don aux thérapeutes. Il y a vécu des moments heureux avec ses enfants, ses amis, et même ses petits-enfants qu'il emmenait sur la Grande Roue.

Le taxi prend la Schlickgasse, puis traversant la Türkenstrasse, il tourne à droite pour prendre Hohlgasse et déboucher sur la Freiheitsplatz. Là, se trouve l'Hôtel Regina qui abritait ses disciples, sa famille, ses élèves ou ses patients étrangers. Ils venaient pour suivre ses interventions à l'université juste de l'autre côté de la place. Il aimait à s'y rendre à pied, de son pas rapide qui couvrait aisément le kilomètre à parcourir. Combien de fois avait-il gravi les vingt et une marches de l'imposant bâtiment en rêvant de gloire.

Avant que la voiture ne bifurque à gauche vers la Landesgerichtsstrasse, ils peuvent voir l'imposant Hôpital Général où il fit ses débuts de médecin. Ils entrent dans la rue, passent devant l'église rouge foncé et rose de style byzantin qui en rompt la monotonie. La traversée de la Schottenfeldgasse se fait sans surprise, c'est déjà les abords de gare avec ses restaurants et ses boutiques. Puis la voiture débouche sur le croisement de Mariahilferstrasse et du Neubaugürtel pour s'arrêter devant la gare Impératrice Elisabeth, non loin de l'imposante église des Lazaristes de la même couleur rouge foncé.

Ils descendent, chargés de tous leurs bagages. La gare de l'Ouest est un édifice majestueux à la couleur dorée, de ce jaune Schönbrunn qu'on retrouve sur les façades des bâtiments officiels, dans le pur style des constructions viennoises. Freud jette un regard sur les trois grandes colonnes avec des arcs entourant des sculptures et sur l'imposante statue immaculée de l'impératrice Sissi qui se dresse sur le parvis. En avance sur son temps, elle apparaît dans toute la beauté de sa silhouette marquée par l'étroitesse de sa taille. Son visage le contemple de sa hauteur. Elle aussi lui rappelle sa jeunesse et ses débuts de chercheur dans la capitale.

En entrant par le portail, ils traversent le hall et gravissent l'escalier pour atteindre le quai. Alors ils lui disent adieu : Vienne avec sa verdure, ses clochers et ses constructions anciennes s'étale devant eux comme pour leur faire un salut. Vienne qui leur a tout donné, à qui ils ont tout donné, et qui leur a tout repris. Leur ville, leur vie, leur patrie. Ils se dirigent vers le nord, là où arrivent les trains, et ils entrent dans la salle d'attente située sous les arcades, à l'usage des voyageurs qui souhaitent se protéger des intempéries ou de la chaleur qui sévit en ce début d'été – sans voir qu'ils sont suivis.

Un homme aux cheveux blonds et aux lunettes rondes, qui paraît un peu plus vieux que son âge, et qui a une mallette remplie de documents qui attestent des virements bancaires de Freud vers des pays étrangers, les regarde avec attention.

20.

Les Freud sont très en avance : Sigmund ne supporte pas d'arriver tard à la gare. Martha, Anna et leur fidèle Paula prennent place sur les bancs, avec Lün, qui s'installe aux pieds de son maître. Ils sont bientôt rejoints par le docteur Josephine Stross, qu'Anna désirait emmener pour soigner son père en cas de malaise, puisque le docteur Schur ne pouvait les accompagner, en raison d'une crise d'appendicite.

Assis auprès de Martha qui veille sur son confort, Freud s'efforce de se calmer pour ne pas céder à l'angoisse. C'est le dernier départ. Il repense aux déplacements effectués dans ses jeunes années, quand il devait parfaire sa formation en France et même en Angleterre où se trouvait sa famille paternelle. Il se revoit alors, jeune étudiant plein d'ambition et de projets, muni de sa bourse, en route pour la première fois vers Paris pour assister aux cours du professeur Charcot. Puis il avait pris le train pour

Nancy afin d'améliorer sa technique de l'hypnose auprès d'Hippolyte Bernheim.

La machine qui sert à franchir des distances est une belle invention, mais elle lui inspire la plus grande terreur. Il repense à son rêve d'enfant au départ de Freiberg pour Leipzig, ville que toute la famille devait rejoindre avant de la quitter huit mois plus tard, pour Vienne. Lorsque, en passant par la gare de Breslau, il avait aperçu les flammes des réverbères à gaz sur le quai, il avait cru voir les âmes des damnés brûlés par le feu de cet enfer dont lui parlait sa Nannie.

Il se met à trembler. Sa mâchoire lui fait mal. Il se lève, fait quelques pas. Les séances d'analyse sont comparables au voyage en train. La cure est un périple, l'espace analytique est le compartiment, le paysage qui défile de l'autre côté de la fenêtre est la libre association à laquelle il convie ses patients. Et lui qui les écoute, les accompagne comme un guide montagnard pour aborder avec eux une difficile ascension, pendant qu'ils se frayent un chemin vers leur inconscient.

Freud pense alors à Marie qui les attend à Paris. Et à ce transfert sur sa personne ; il tente de comprendre son propre contre-transfert. Il l'a aidée à se reprendre en abandonnant ses tendances dépressives mais il ne parvient pas à résoudre son problème de frigidité, elle qui est née pour la séduction. Comment lui ouvrir la porte ? Comment trouver les mots qui lui permettraient d'avoir accès au plaisir ? Il voudrait sauver sa vie, comme elle a sauvé la sienne.

Soudain, il entend le bruit assourdissant de la locomotive qui entre en gare. L'Orient-Express, ce train aux marqueteries art déco et aux panneaux en laque de Chine, avec ses luxueuses voitures aux couleurs bleu marine et or, décorées par Prou et Lalique, entre en gare. Il est composé de compartiments avec des lits pour une soixantaine de voyageurs, une salle à manger, une cuisine, et un salon de conversation pour les dames. Mille trois cent cinquante kilomètres les séparent de Paris, soit vingt-sept heures et cinquante-trois minutes à passer dans cet engin.

À ce moment précis, il est submergé par une vision. Il reste interdit, pendant un moment, happé par la pensée de la mort tragique de son demi-frère Emmanuel, vingt-quatre ans auparavant. Il a péri des suites de la chute d'un train en marche entre Manchester et Southport.

Les voyageurs s'engouffrent dans les compartiments. Les places en première sont bien réservées ; Martha, Joséphine et Paula avancent. Lün les suit. Anna tend la main au docteur Freud.

Au moment de monter dans le train, il s'arrête. Anna lui lance un regard interrogatif. Il tremble, son cœur bat si vite qu'il a l'impression qu'il va mourir, il veut faire demi-tour et s'enfuir, vite, au plus loin !

— Viens, Papa, murmure Anna, d'un regard implorant.

Freud monte dans le train, qui s'ébranle aussitôt avec un bruit d'enfer, pour se diriger vers l'ouest de l'Europe, là où lui, le Juif de l'Europe de l'Est, est obligé de fuir.

Sur le quai, un homme le regarde partir. Un homme qui a dans la main les documents qui permettaient de l'arrêter et de l'envoyer dans un autre train.

Le sien disparaît vers l'horizon, alors que les morceaux déchirés de papiers recouverts de chiffres dansent seuls sur la voie ferrée.

21.

Ils voyagent avec des sentiments mêlés, d'espoir et d'angoisse. Chaque arrêt leur paraît dangereux. Ils ont peur d'une inspection violente de la part des nazis. Leurs papiers sont en règle et les agents de la Gestapo ont fait signer au docteur Freud un document stipulant qu'ils avaient été traités par les autorités allemandes et, en particulier, par la Gestapo, « avec tout le respect et la considération dus à sa notoriété scientifique » et qu'ils n'avaient pas la moindre raison de se plaindre. Ont-ils entendu cette remarque que le psychanalyste avait ajoutée avec son ironie dévastatrice : « Je recommande cordialement ces messieurs de la Gestapo à tous » ?

John Wiley, représentant la présence américaine dans le train, est présent pour les rassurer lors du passage des contrôleurs en uniforme à chaque station. Heureusement, Anna a pensé à tout : le docteur Stross intervient souvent pour soulager son père de certains malaises inévitables en lui donnant de la nitroglycérine et de la strychnine.

— Nous voilà libres, murmure Freud.

Et la liberté est retrouvée, avec la gloire, lors de leur arrivée triomphale à la gare de l'Est. Il y a tant de gens pour les saluer et les mitrailler de leurs flashs, qu'ils en sont intimidés. Tous clament leur soulagement de le voir hors d'atteinte du monstre nazi.

Lorsque Freud descend du train, il est envahi par une vague d'émotion et un sentiment d'énergie nouvelle. Les souvenirs de sa jeunesse se précisent, lorsqu'ils passent par le quartier latin, pour aller rejoindre le domicile de Marie. Il se souvient alors de la petite pension de la rue Royer-Collard où il a vécu, alors qu'il était l'élève et le disciple de Charcot. En journée, il travaillait à ses côtés, et, le soir, il se rendait aux soirées mondaines dans son bel appartement, où il rencontrait les figures célèbres de la capitale. Paris débordait des nombreux visiteurs venus voir la tour Eiffel et les manifestations de la Grande Exposition. Augustine-Victoire, la femme de son maître, le guidait dans son apprentissage. C'était elle qui lui avait recommandé d'aller écouter Yvette Guilbert, une chanteuse débutante, au café-concert l'Eldorado. Trente-sept ans après, il n'avait pas oublié. Lorsqu'elle vint donner un récital à Vienne, il lui fit envoyer des fleurs, et il l'invita au Bristol pour prendre un thé. Elle lui dédicaça une photo qu'il afficha sur le mur de son bureau à côté de celles de Lou Andreas-Salomé et de Marie Bonaparte.

Lors d'une des fameuses réceptions de Charcot, il avait rencontré le médecin Gilles de La Tourette. Il se souviendrait toujours de la conversation politique qu'il avait eue avec lui, lorsque le neurologue avait prophétisé « la plus terrible des guerres avec l'Allemagne ». En proie à un sentiment de malaise, le jeune étudiant s'était présenté comme juif, plutôt qu'autrichien. À présent, il revenait, Juif pourchassé, même si sa langue maternelle était l'allemand, et si sa culture et tout son être étaient modelés par Vienne. Le voilà, Juif errant avec son manteau, à hanter les capitales d'Europe pour tenter de trouver un toit. C'est lui, avec ses bagages remplis de livres, d'une menorah et d'un vieux grimoire hébraïque légués par son père. Le voilà donc, oscillant entre passé et futur, à la recherche éperdue d'une terre où il pourrait vivre sans se déplacer. C'est lui que l'on peut reconnaître à sa démarche vacillante et son regard angoissé. Le vieux Juif ashkénaze au manteau râpé échappé du schtetl, survivant au ghetto, fuyant son ombre. Il a déjà parcouru toute l'Europe depuis des millénaires et, riche de cette expérience, il a inventé une science pour comprendre l'homme et résoudre le mystère du mal que l'homme fait à l'homme.

Sur les quais de Seine, il se rappelle les longues balades les soirs d'été, lorsque l'eau brillait de mille reflets et qu'il rêvait d'un avenir glorieux. Il se disait qu'il n'avait jamais rien vu d'aussi beau. Alors il voyait Notre-Dame de Paris et devant, en face, le musée du Louvre qui le fascinait pour ses trésors antiques. Ses idées l'emmenaient vers sa fiancée, Martha, alors que ses pas la guidaient vers la Sorbonne, le Luxembourg, pour se perdre dans les petites rues qui coupaient le boulevard Saint-Michel et le boulevard Saint-Germain, avant de rejoindre sa chambre minuscule où il lui écrivait mille pages d'amour.

Ici, il a conçu ses premières lettres, dans cette ville qui a vu naître les plus grands romans épistolaires. Il y a tant appris, travaillé, réfléchi, et rêvé. Il était souvent seul, le soir, et l'écriture était sa compagne. Quand il n'y avait plus rien, quand il se sentait déprimé et atteint par la vie, quand il broyait du noir sans voir d'échappatoire, quand il perdait l'espoir, l'écriture était là. Quand il se sentait loin des siens, et qu'il aurait voulu trouver du réconfort dans les yeux de sa mère et les rires de ses sœurs, il pouvait les étreindre et les toucher du bout des doigts. Quand il avait froid, loin du feu, quand il avait faim, après un repas frugal, il prenait sa plume : cela, au moins, ne lui coûtait rien. Juste de l'encre, du papier et un timbre. Et, peu à peu, à travers l'écriture, sa vision du monde s'était forgée, ses idées étaient nées, son esprit avait mûri, il avait compris qui il était. Déjà il s'analysait. Il avait des intuitions fulgurantes et de belles envolées. Plus tard, il fallut faire table rase d'une certaine façon de penser, pour exploser les cadres préétablis, et explorer les arcanes de l'inconscient – ainsi qu'il l'avait fait dans les lettres qu'il adressa plus tard à Fliess.

Enfin, ils arrivent dans la demeure du XVIᵉ arrondissement de Paris, un hôtel particulier entouré d'un parc que Marie Bonaparte a acheté pour son époux qui se plaignait de voir trop de patients dans leur maison de Saint-Cloud. C'est là qu'elle accueille les amis ou la famille de passage.

La journée se passe comme dans un rêve. Freud se repose sur une chaise longue dans le parc ombragé, avec Martha, Anna et Ernst. Marie est tellement heureuse de l'accueillir qu'elle ne sait plus quoi faire pour lui rendre la vie agréable. Cette famille est devenue la sienne, celle de son cœur, celle qui la touche, et qui la rend heureuse. Au chevet de Freud, elle est à ses petits soins, avec Martha. Anna aussi paraît soulagée et heureuse de se trouver là, Marie lui a si souvent parlé de leurs résidences françaises qu'elle a l'impression d'y retrouver des souvenirs, même si c'est la première fois qu'elle vient à Paris. Sigmund sur son siège, avec son pardessus et sa casquette malgré la température, parle avec Ernst assis à ses pieds. Quand il était à Berlin, celui-ci s'était occupé de lui faire rencontrer le professeur Schroeder réputé pour ses capacités à réaliser des prothèses pour le palais et la dentition. Il leur annonce qu'il leur a loué une maison au 39, Elsworthy Road non loin de l'impressionnante gare de Saint-Pancras. Ils sont proches aussi du quartier verdoyant de Primrose Hill au nord de Londres. De cet endroit, on peut même contempler la fameuse Regent Street, la cathédrale Saint-Paul, avec une belle vue de la City. Ernst a pensé qu'ils pourraient apprécier la ville et se familiariser avec elle, à travers la vue panoramique que la situation de cette maison leur offre, en attendant de trouver leur demeure définitive.

22.

À la fin de journée, alors qu'ils sont seuls au fond du jardin, Marie se penche vers Freud, lui sourit, et lui tend la main. Cette main qu'il se refuse toujours à prendre.

Elle le regarde pendant un moment, et puis finit par la retirer.

— Vous allez me manquer, là-bas, soupire Marie. J'ai encore besoin de vous voir. Je n'ai pas fini mon travail avec vous. Je ne saurai peut-être jamais pour quelle raison je ne parviens pas à être complètement femme, même si j'essaye de résoudre mon problème. En cela, mon mari et moi, nous nous sommes compris. Il a aimé ma part masculine, il a détesté ma féminité, surtout lorsqu'elle s'est éveillée, après la maternité. J'ai aimé avoir mes bébés, leur donner la vie, et prendre soin d'eux, les élever. C'est en devenant mère que je suis devenue femme.

— C'est ainsi pour beaucoup d'entre vous…

— Même mon corps s'est transformé. J'étais maigre, sans poitrine, sans formes. Je suis plus ronde. J'ai eu des seins.

— Vous les avez refaits par la chirurgie.

— Je les ai corrigés. Je les voulais plus ronds, plus féminins. Vous savez que je suis une esthète. Je suis obsédée par la perfection. Ce n'était pas pour mon mari, bien sûr. C'était pour Aristide. Même s'il avait d'autres maîtresses que moi…

— Savez-vous pourquoi vous partagez vos hommes ?

— Cela ne me fait pas peur. Je sais que dans le fond, c'est moi qui les domine. J'aime écraser les hommes par mon argent et ma célébrité.

— Les apanages du pouvoir masculin.

— Peut-être une façon de leur prouver que l'homme, c'est moi…

— Et vous leur refusez l'abandon total, suprême.

— Comme si c'était moi qui devais garder le contrôle. Car jouir, c'est s'abandonner. De cet abandon, qui est la féminité même, je ne suis pas capable.

« J'ai l'impression de ne vivre que des débuts d'histoire d'amour. D'être toujours en quête du plaisir, sans jamais y parvenir, comme si c'était hors de portée. J'ai consacré ma vie à tenter de comprendre. Se regarder dans les yeux quand l'on se désire. Se dire combien l'on s'aime. Tout oublier, les mensonges, les peurs, les traumatismes qui empêchent les vies de se faire. Je n'en ai jamais été capable. J'ai toujours l'impression de mentir, et de faire semblant. Quand vais-je guérir ?

— Quand vous aurez compris pourquoi, par la libre association.

— Oui, pourquoi. Pourquoi toute relation physique avec un homme évoque-t-elle pour moi une lutte ? Une lutte contre l'autre, et contre moi-même. Les seuls moments où je me sens bien sont ceux où je suis seule, et où je nage dans la mer. Je ne peux pas m'en passer. Là enfin, je me sens en adéquation avec moi-même.

— Je pense que je commence à entrevoir quelque chose.

— Aidez-moi, alors.

— N'attendez rien. Ne demandez rien. Dites ce qui vous vient à l'esprit en ces moments de lutte.

— C'est terrible… J'imagine que je suis un homme. Je ne suis plus moi. Je voyage dans un fantasme d'un autre corps.

— Cela me paraît fort juste, Marie. Tout se passe comme si la petite fille était d'abord un garçon. Et si je vois la féminité comme une énigme, c'est à cause de ceci : pour devenir femme, la fille doit changer d'objet d'amour, et passer de la mère au père, et changer en quelque sorte de sexe : passer du clitoris au vagin.

— Mais cela, c'est de la théorie ! répondit Marie.

Avec Marie, Freud a tenté d'aller aussi loin que possible dans l'exploration de la féminité. Il sait que c'est son questionnement le plus brûlant. Elle ne cesse de s'interroger à ce sujet. Elle a le projet d'écrire un livre sur la sexualité féminine. Que veut une femme ? Cette question qui le hante, peut-elle se résoudre simplement par l'idée du manque de pénis et le complexe de la castration ?

Ou bien, comme le soutenait son ancien ami Wilhelm Fliess, n'y aurait-il qu'un seul sexe, le pénis, développé chez le garçon, et en voie de l'être chez la fille ? Le phallus, sur le mode de l'absence et de la présence ? *Que veut la femme* ?

— Vous avez dû vous identifier à votre père, parce que vous n'avez pas connu votre mère, et les figures maternelles autour de vous n'étaient pas des figures auxquelles vous pouviez vous référer. Vous vouliez faire une œuvre théorique, comme votre père. C'est pourquoi vous vous êtes mise à écrire, dans votre journal.

— Ce n'est pas pour lui que j'écrivais… C'est pour elle ! C'était pour me consoler de l'avoir perdue. Ou, plutôt, de ne l'avoir jamais connue. Ma mère. Être femme, c'est être morte. J'aurais voulu établir un dialogue avec elle. C'était une question de survie. Une façon de me redonner vie.

— Ce n'est pas tout, Marie, dit Freud. Ce n'est que le début… Ce que j'ai cru déceler dans vos carnets d'enfant, ceux que vous m'avez confiés pour que je les analyse, à travers vos rêves, vos angoisses et vos obsessions…

— Quoi, docteur Freud ?

— Nous avions établi alors que vous aviez assisté à la scène primitive. Il y a eu une liaison entre Pascal, votre oncle, et votre nounou, Rose Boulet, et les ébats ont eu lieu dans votre chambre, pendant vos premières années.

— Je sais, dit Marie. Quand j'y pense, j'ai encore du mal à respirer…

Une boule au fond de la gorge semble lui bloquer le souffle, lui rappelant le vide terrifiant de son enfance, et ces cauchemars, où son cercueil était jeté à la mer et livré aux requins et à ce monstre nommé *sarquintué* ou *serquintué* selon les langues qu'elle utilisait pour en parler, qu'elle mentionnait dans ses « *bêtises* », ces fameux cahiers où elle consignait ses secrets. Ce monstre se présentait sous la forme d'un train crachant de la fumée qui envahissait sa chambre de bébé. Il avait la particularité de tuer de son regard ceux qui n'étaient pas cachés. Dans ses rêves, elle voyait son père, sa grand-mère et parfois même sa gouvernante lui enfoncer des chandeliers dans la gorge pour l'étouffer.

Au cours d'une séance d'analyse mémorable, elle avait trouvé le sens du mot « serquintué » qui la hantait depuis son enfance et dont elle avait raconté l'histoire dans ses cahiers. À la suite d'une interprétation de Freud, elle déchiffra le mystère de ce nom incompréhensible. Elle l'avait attribué au train qui passait devant la maison de Saint-Cloud. Un chemin de fer qui allait de Paris à Versailles avait été construit non loin de la propriété qui l'avait vue naître. « Ser » était le début de cercueil, celui de sa mère morte un mois après sa naissance, « quin » le rappel des requins qui s'attaquaient aux cercueils pour dévorer les morts jetés à la mer dans les récits de voyage maritimes racontés par Mimau, « tués » : sa mère tuée dans son fantasme par sa grand-mère et son père avides de posséder sa fortune.

Le train, cet engin bruyant, crachant de la fumée, monstre aux yeux tueurs qui fonçait dans les chambres d'enfants, était le symbole de l'homme qui écrase la femme sous son poids dans la relation sexuelle. Pour la petite Mimi, il avait été la cause de la mort de sa mère, mais il était aussi celui qui pouvait la tuer pour avoir assisté à la scène interdite aux enfants. L'analyste avait vu juste. Sinon, pourquoi Rose Boulet avait-elle été chassée si abruptement ? Marie était allée voir Pascal, elle lui avait fait tout avouer : le coït devant elle pendant trois ans et demi avec sa nourrice, les fellations, leurs relations sexuelles en plein jour, et après, quand elle fut plus grande, leurs relations de nuit à la lumière d'une veilleuse ou dans les ténèbres.

— Si votre thèse est exacte, dit Marie, comme je n'ai pas pu m'identifier à une figure féminine, et que j'ai été le témoin des ébats de Pascal et Rose, par l'association avec la mort de ma mère après ma naissance, j'en aurais conçu à la fois une peur d'être femme, en même temps qu'une aversion du sexe masculin…

— On pourrait voir les choses ainsi.

— Il faudrait donc que je me reféminise en quelque sorte pour pouvoir atteindre l'orgasme.

— Vous remettre à la place de la femme suscite l'angoisse chez vous, l'angoisse d'être chassée, l'angoisse de disparaître.

Il y eut un silence.

— Et l'amour ?

— L'amour ?

— Celui que j'ai pour vous, par exemple. Cet amour-là. Évidemment, vous êtes un père pour moi. Et vous êtes aussi mon enfant, que j'ai envie de protéger. J'ai des sentiments à la fois filiaux et maternels envers vous. Cela vous paraît-il curieux ? Moi pas. Quand on aime, toutes les amours se mélangent. Vous êtes tout pour moi.

— C'est là où vous existez comme sujet et non comme corps, Marie. De sujet à sujet.

— Est-ce un amour véritable ?

— Comme tout transfert... Vous avez aimé des hommes en couple, qui avaient des femmes, mais cela ne semblait pas vous gêner. Vous ne leur demandiez pas de les quitter, par exemple, pour vivre avec vous. Comme si, implicitement, vous aviez toujours cherché un ménage à trois...

— Oui, c'est probable.

— Et je dirais même qu'il est possible que la femme de l'homme que vous aimiez ait pu jouer un rôle érotisant. Ou qu'elle soit une médiatrice de votre désir, en quelque sorte... ou encore peut-être recherchiez-vous désespérément à connaître le fonctionnement d'un couple normal puisque vous n'avez appris qu'à l'adolescence que votre père avait une liaison stable et durable avec une femme de condition modeste. Pendant votre enfance, il était relié à sa femme, c'est-à-dire à votre mère morte…

Marie retient sa respiration.

— C'est vrai… c'est ainsi que j'ai commencé. Avec Leandri, le maître chanteur. J'ai d'abord été l'amie de sa femme, Adèle. Puis avec Aristide Briand, je savais qu'il avait une maîtresse attitrée. Avec Jean aussi puisqu'il était le mari de Geneviève, mon amie d'enfance.

« Mais je n'aime pas les femmes… J'aime trop les hommes pour ça. J'ai besoin d'eux, de leur regard, de leur désir.

— Il y a quelque chose en vous de très viril, de masculin, même si vous êtes femme à part entière, Marie.

— Et… Vous pensez que c'est cette part masculine qui m'empêche d'accéder au plaisir ?

— Nous devrions explorer cette voie. Vous ne croyez pas ?

Nous y voilà, pense le docteur Freud. Cette femme qui lui résiste – sur le plan analytique. Cette femme frigide, qu'il est en train de guérir. N'est-ce pas un symptôme de ce qu'il pense être le masochisme féminin ? Cette capacité qu'ont les femmes à endurer les souffrances pour et par autrui, et à aller, dans certains cas, jusqu'à se les infliger elles-mêmes. Il en a même parlé dans son opus « Un enfant est battu », au sujet du fantasme typique de la flagellation. Comme si la femme désirait qu'on lui fasse du mal. Comme si c'était là la source secrète de son plaisir. Était-ce donc vraiment ce que voulait la femme ?

Comment trouver sa liberté dans toutes les dominations que la femme s'impose à elle-même ? Marie à la recherche de son plaisir, les femmes hystériques en quête de leur maître, toutes les femmes voulaient donc être dominées et voulaient aussi se libérer de la domination. Ce double mouvement contradictoire les portait vers le malheur. Le malheur d'aimer et d'être aimée, l'impossibilité de trouver le plaisir suprême, la jouissance d'être soumise et la détestation de la soumission : la féminité impossible.

— Je crois, Marie, dit-il après un silence, que cette séance de travail et toutes ces mises au point considérables que vous avez pu faire sur vous-même et sur moi... font de vous une analyste capable de former à votre tour des analystes dans la pure tradition de la psychanalyse didactique. Et vous le ferez avec succès, je n'en doute pas.

Alors Freud regarde la main de Marie, cette main qu'il n'avait jamais voulu saisir lorsqu'elle le lui demandait, pour des raisons déontologiques... ou peut-être n'était-ce qu'une censure de son surmoi, contre le désir qu'il avait de le faire.

Alors il prend la main de Marie, et la garde longtemps dans la sienne.

23.

Anton Sauerwald s'arrête pendant un moment devant le 20, Maresfield Gardens, à vingt minutes de Primrose Hill, où les Freud ont commencé leur vie anglaise.

Il regarde la ravissante demeure entourée d'un jardin, et emprunte l'allée qui conduit à la porte. C'est une maison à trois étages. Ses briques rouges et ses portes et fenêtres peintes en bleu lui donnent un air de sérénité joyeuse.

Il sonne à la porte. Paula lui ouvre, comme à Vienne, avec la même expression, selon le même rituel. Elle l'aide à enlever sa veste, prend son chapeau et ses gants, et elle le déleste de son bagage. Elle est suivie d'un petit chien, qu'il n'a jamais vu avant.

Paula lui explique que Jumbo la suit partout. Lün n'a pas pu venir car elle a été mise en quarantaine dès leur arrivée à Douvres. Le docteur Freud a trouvé la force d'aller la voir à son chenil et de lui témoigner son affection. En attendant son retour, il a acheté le pékinois, pour combler le vide laissé par son chien.

Lorsqu'il entre dans la maison, Sauerwald croit avoir une hallucination. C'est la réplique exacte de leur appartement viennois. Tout ce qu'il a vu au 19, Berggasse après leur départ est reproduit ici, à l'identique. Le cabinet du psychanalyste dans son décor viennois. Les bibliothèques remplies de quelque mille cinq cents livres anciens, reliés, écrits en anglais, en italien, en espagnol, en français et en allemand. Elles auraient pu être encore plus nombreuses, mais il sait que Freud a vendu plus de huit cents ouvrages à des librairies et des bibliothèques américaines pour laisser de l'argent à ses sœurs.

Les meubles, les livres, le bureau, et bien sûr le divan recouvert de sa luxurieuse tenture sont dans la pièce principale, avec une baie vitrée qui donne sur la rue. Des vitrines de style Biedermeier, certaines en bois de rose, d'autres en acajou, sont placées dans tous les coins pour exposer les précieuses statuettes. La gouvernante s'est rappelé comment il fallait les ranger pour que son maître pût les retrouver.

De mémoire, il reconnaît le Bouddha pénitent en marche. Il y a aussi les dieux de l'Égypte ancienne qu'il a vus sur le bureau de l'analyste, en compagnie des bronzes en forme de déesses du Panthéon égyptien. Il aperçoit Osiris avec plusieurs autres figurines qui lui ressemblent, ainsi que les nombreuses statuettes provenant de la Grèce antique, dont la plus imposante est l'Éros de Myrina privé de sa lyre. Ces objets paraissent vivants, susceptibles d'être animés car ils sont porteurs du désir toujours renouvelé du maître de rester en relation avec ceux qu'il aime.

Anna descend du premier étage et l'invite à entrer au salon qui se situe au rez-de-chaussée. Nerveuse et émue, elle lui propose un verre de thé. Vêtue d'une longue robe grise, avec ses cheveux sombres et ses grands yeux agrandis par la stupeur, elle est mal à l'aise. Elle se souvient que la dernière fois qu'ils s'étaient vus, sa vie était entre ses mains.

— Papa se prépare à vous recevoir, dit-elle. Ces derniers temps, il n'était pas très bien… Sa maladie progresse même s'il ne veut pas l'admettre. Pichler, le chirurgien qui l'a opéré à Vienne, lui manque beaucoup…

— Qui le soigne ? demande Sauerwald.

— Son médecin, Max Schur, que la princesse Marie a fait venir jusqu'à nous. Mais il se sent écrasé par les responsabilités qui lui incombent. Il y a aussi le docteur Exner, recommandé par Pichler, mais il manque sans doute d'expérience pour un cas aussi complexe. Des lésions sont apparues, qui inquiètent beaucoup le docteur Schur. Marie ne cesse de lui écrire à ce sujet, pour le tenir au courant des renseignements qu'elle obtient à propos de sa maladie.

— Comment va-t-elle ?

— Elle nous a rendu visite la semaine dernière. Elle a montré des films de sa résidence tropézienne,

Le Lys de mer. Elle a si souvent souhaité nous recevoir avec sa famille. À présent, par la magie des images, elle nous a raconté la beauté de ce lieu qu'elle a entièrement créé pour son bonheur de naïade, comme elle dit, elle qui aime tant plonger dans cette mer d'azur. Elle l'a encouragé à finir son œuvre. Elle nous a dit qu'elle a sauvé des psychanalystes juifs en fuite depuis l'Allemagne ou l'Autriche, ajoute Anna, après une hésitation.

— Il faudrait faire venir le docteur Pichler, dit Sauerwald. Mais il ne sera pas simple de lui obtenir un visa pour l'Angleterre, car il n'est pas juif. Moi-même, j'ai eu du mal.

— Papa était surpris de votre visite. Surpris mais heureux, je crois qu'il a des choses à vous dire. Nous savons tous ce que nous vous devons, ajouta-t-elle dans un murmure. Sans vous, nous ne serions pas là… Venez, je pense qu'il est prêt à vous recevoir.

Elle le conduit au premier étage, où Sigmund Freud se repose, dans un salon qui jouxte son bureau, au premier étage.

Enfin, il le voit. L'homme est couché sur une méridienne. Il a dans les mains une Bible dans une édition illustrée, ouverte. Il paraît pâle et affaibli, mais son regard brille toujours d'une intensité particulière. À côté de lui, sur une commode, se trouvent les Jades, et un magnifique vase chinois sur lequel son regard s'attarde, comme sur tous les objets du cabinet qui le fascinent.

— Vous regardez le vase, observe Freud. Vous pouvez y voir dessinés les trois arbres emblématiques : le prunier représente l'indépendance car la fleur s'épanouit sans avoir besoin du fruit ; le pin symbolise l'hiver et la résistance au froid, qui signifie la constance et la durée de l'amitié fidèle ; le bambou qui ploie mais ne rompt pas est la loyauté et la pérennité, qualités précieuses en amitié...

« Je suis content de vous voir ici, ajouta-t-il en lui tendant la main. Anna m'avait prévenu que vous viendriez, mais elle ne m'avait pas dit pourquoi. En vérité, elle avait peur que ce ne soit pour nous espionner !

— Je voulais vous voir. Vous vous souvenez que j'aime bien voyager ? Constater par moi-même que ma mission est menée à bien. Et en effet, je vois que tout est là, tout est à sa place, selon un ordre précis.

— C'est grâce à vous si j'ai mes livres et mes statuettes, dit Freud. Ainsi, je ne suis pas dépaysé. Ils me font penser à mes voyages, et me rappellent aussi mes amis, ceux qui me les ont offerts.

— Je les ai moi-même empaquetés, ainsi que vos draps et votre linge de maison.

— Nous sommes bien ici. Les Anglais m'ont réservé un accueil enthousiaste. J'ai même reçu les deux secrétaires de la Royal Society qui m'ont apporté le livre saint de ladite Society pour que j'y appose ma signature. En raison de ma maladie, ils ont accepté de déroger à la règle et ils se sont déplacés pour moi. C'est une faveur qui n'est faite qu'aux rois. J'ai accolé mon nom à celui de Newton et de Darwin... Je suis en bonne compagnie, n'est-ce pas ? Je me suis mis à retravailler à mon *Moïse* en vue de le finir, même si je ne sais pas combien de temps mon cœur pourra me permettre d'accomplir ce travail. Ce sont mes écrits qui me maintiennent en alerte. Je voudrais terminer de rédiger mes derniers messages à l'humanité.

« J'ai également entrepris la rédaction d'un *Abrégé de psychanalyse*. Je me suis dit que ce serait un ouvrage pratique, n'est-ce pas ?

« Et j'ai repris une question qui me taraude depuis longtemps, concernant Shakespeare. Est-ce lui ou Bacon l'auteur de son œuvre monumentale ? Ou y a-t-il une autre hypothèse ? Depuis que je suis ici, cette question me tourmente. S'agit-il d'un petit-bourgeois de Stratford, ou d'un homme bien né, et de grande culture ? Je l'ai lu lorsque j'étais adolescent et que j'apprenais ses tirades par cœur...

— La double identité de l'auteur doit vous poser problème... Sans savoir qui il est, vous ne pouvez pas lui appliquer votre théorie psychanalytique.

— Voyez-vous, ce qui me pose problème, en vérité, c'est la question du père de l'auteur. Tout comme elle se pose à moi avec Moïse. Était-il fils d'esclave hébreu ou du roi d'Égypte ? Si Shakespeare était le fils du bourgeois inculte John Shakespeare de Stratford et non du noble d'Oxford Edward de Vere, il serait impossible qu'il ait écrit cette œuvre grandiose…

— Pourtant, l'enfant de Freiberg que vous êtes est bien l'auteur de son œuvre.

— À moins que ce soit Breuer le créateur de la psychanalyse… Ou encore, Aristote qui parle en premier de la catharsis, cette décharge émotionnelle thérapeutique, ou plus proche encore, l'oncle de Martha, Jacob Bernays, le célèbre philologue qui souhaitait déjà la réconciliation de la Bible et de la culture gréco-romaine et qui attribua à la catharsis une fonction médicale, homéopathique, pour soigner le spectateur par des émotions provoquées.

— Voilà vos véritables pères.

— Voilà une réflexion analytique… Ici, il ne manque que mes sœurs, ajoute-t-il après un silence. Avez-vous des nouvelles d'elles ?

— Je les ai vues.

— Comment vont-elles ? dit Freud, en se dressant sur son séant. Leur santé ?

— Elles sont malades et fatiguées… J'ai essayé de leur expliquer la situation.

— Je vous ai dit que mon frère Alexander et moi nous payerons pour leur sortie.

— Elles ne veulent pas partir… Je retournerai les voir, avec votre permission.

— Tout ce que je désire en ce monde, c'est les faire partir. Je vous en ai déjà fait la requête. Il faudrait essayer, par tous les moyens… Je ne peux pas supporter l'idée de les laisser là-bas.

— Malheureusement, je ne suis pas sûr de pouvoir vous aider, docteur Freud. Ce que j'ai fait pour vous m'a mis en danger, et je ne suis plus très bien vu par le Reich... Je n'ai pas mené à bien ma mission : vous spolier et vous assassiner. Cela commence à se savoir... J'ai sauvé vos écrits. Tenez, d'ailleurs... sur la demande de Marie, je vous ai apporté ceci, ajoute-t-il, en lui tendant un lourd paquet.

Avec émotion, Freud reconnaît les lettres, les fameuses lettres qu'il a envoyées à Fliess.

— Vous avez donc réussi à les faire sortir ?

— Cela n'a pas été facile. J'ai pris certains risques.

— Merci, dit Freud. Merci, du fond du cœur... Vous ne savez pas à quel point c'est important pour moi.

— C'est la naissance de la psychanalyse.

— Nous étions des inventeurs, oui, c'est vrai, murmure-t-il. Nous pensions avoir compris le monde. Nous étions les sphinx qui en détenaient tous les secrets.

« Mais Fliess, lui, n'avait pas de limite. Il étudiait ses enfants. Sous l'alibi de la science, il surveillait tout. Les érections, les selles, le sang dans ses narines... Fliess exerçait sur son fils Robert une emprise perverse. Je ne pouvais pas l'accepter... Même si je l'aimais profondément, aussi profondément qu'un être humain pût en aimer un autre sur cette terre... Je n'ai rien dit... Mais je ne pouvais plus continuer à fermer les yeux.

Freud se tait ; des larmes embuent son regard.

— J'ai poursuivi la lecture de vos livres, dit Sauerwald. J'ai pratiqué une sorte d'autoanalyse comme vous le faites. Je me sens mieux à présent. Je comprends certaines choses et je suis moins angoissé. Les souvenirs continuent d'affluer.

« Je crois que j'ai compris tout cela lorsque je suis venu vous espionner à la dernière séance du Verlag, où vous avez donné pour mission à vos élèves d'étudier et d'enseigner à travers le monde. J'ai su alors que nous n'allions pas réussir à vous éliminer. Que vous étiez plus fort que nous. Et même plus fort que la mort.

— Il y a une chose que je ne comprends pas, dit Freud. Pourquoi ? Pourquoi m'avoir aidé, moi qui apporte la peste ? Pourquoi m'avoir sauvé ? Et pourquoi avoir mis votre carrière et vous-même en danger pour le faire ?

— Vous, Sigmund Freud, répond Sauerwald après une hésitation, vous avez proposé à l'humanité une doctrine capable de l'ouvrir à ses motivations inconscientes et, d'un point de vue scientifique, je suis obligé de reconnaître que c'est une grande avancée. Lire vos ouvrages, vous rencontrer, a changé quelque chose en moi. Vous avez introduit une brèche dans l'édifice. Vous étiez ma proie, ma victime. Vous êtes devenu un guide.

— Mais les Juifs ?

— Je ne change pas d'avis sur eux. Ils sont nuisibles pour l'humanité. Ils doivent être éliminés. Ceci est déplorable, mais la fin justifie les moyens… Cela ne veut pas dire qu'un individu ne peut pas alléger certaines peines particulières dans certains cas.

— Un jour viendra où vous aurez besoin de nous, murmure Freud, en le regardant d'un air pénétrant. Et ce jour-là, nous serons là.

ÉPILOGUE

Freud prend place dans son fauteuil, avec le verre de thé que lui a apporté Paula. Dans ses mains, il tient le précieux paquet, qu'il défait avec précaution.

Il ouvre le dossier des lettres, en sort quelques-unes et son regard parcourt sans le vouloir une écriture qu'il connaît bien, qui lui est chère, qui a fait battre son cœur jadis lorsqu'il la reconnaissait sur les enveloppes et que, d'une main fiévreuse, il les décachetait pour en découvrir le contenu. Alors il s'installait devant son bureau, allumait un cigare. Paula lui apportait un thé, ou un café, et, pendant un moment, il s'évadait du monde. Parfois, il les relisait plusieurs fois avant de lui répondre. Il savourait certains passages. Il s'en délectait comme d'un mets délicat. Il riait, il pleurait, il réfléchissait. C'est ainsi qu'il a pu échafauder certaines de ses théories, inspirées par ses idées fantaisistes ou sensées, toujours surprenantes, géniales souvent, bien que folles.

Il presse les lettres contre son cœur, et à cet instant sans doute, il comprend pour quelle raison il a tant voulu les avoir.

Il se revoit, des années auparavant, en train de les chercher sur le palier de sa porte, et son cœur de tressauter de joie lorsqu'il reconnaissait l'écriture familière, qu'il les défaisait avec soin comme si elles contenaient un trésor, et il pense soudain à cette image : un rêve non interprété est comme une lettre non décachetée. Mais aussi bien : une lettre non décachetée est comme un rêve.

En les lisant, il peut retrouver le charme d'une rencontre qui a changé sa vie, et lui donner son sens, avec ses grandeurs et ses limites, ses gloires et ses failles, ses réalisations et ses déceptions. Tout ce qu'il a aimé en ce monde est dans ces lettres, ses parents, ses sœurs, son frère, sa femme, sa belle-sœur, ses enfants, ses proches, ses découvertes, ses patients, ses joies et ses tristesses, ses peurs et ses certitudes, ses erreurs et ses espoirs.

Alors, il prend la lettre, sans hésitation. Celle du 8 février 1897, qui l'a tourmenté au point de l'empêcher de quitter sa ville. Celle dans laquelle il évoque, ce qu'il n'a jamais dit à personne : « Mon propre père a été l'un de ces pervers qui sont révélés par les cas que je soigne. Il a été responsable de l'hystérie de mon frère (dont les symptômes sont dans l'ensemble des processus d'identification) et de celle de quelques-unes de mes plus jeunes sœurs… »

Freud se lève. En tremblant, il fait quelques pas, avant de reprendre son cigare. Il se rassied, l'allume, en tire une bouffée qui semble l'apaiser.

Comment lui pardonner d'avoir saccagé la vie de son frère et de ses sœurs ? Et même s'il l'avait fait, comment se pardonner de n'avoir pas su les aider ? Il était l'aîné. Il aurait dû savoir. Il était jeune à l'époque et il cherchait surtout à se protéger lui-même et à sortir de la pauvreté dans laquelle ils vivaient. Il avait sa chambre à lui, alors qu'ils étaient tous ensemble. Il était le préféré, le Sigi-en-or !

Freud tire à nouveau sur son cigare, en regardant les volutes bleues monter au ciel. Penché, comme sous le poids d'une responsabilité écrasante, le vieil homme met la main sur son front pour tenter de calmer le flot d'émotions qui l'envahissent. Avec Fliess, ils en avaient parlé. C'était le seul. Ce fut au cours d'une de leurs séances de cocaïne qu'ils avaient pu aborder la question de l'inceste, puisqu'il fallait bien le nommer ainsi. La fréquence de ce phéno-mène, beaucoup plus répandu qu'il n'y paraît, leur avait donné à réfléchir... C'est ainsi qu'il avait découvert la cause d'un problème médical resté sans réponse depuis toujours, en identifiant la cause de l'hystérie, jusque-là mystérieuse. Il était convaincu que son origine résidait dans des abus sexuels du père, d'un oncle ou d'un proche, pendant l'enfance. Lorsqu'il développa cette théorie de la séduction, il se heurta à l'hostilité de la profession médicale face à ce qui n'était qu'une hypothèse. Et il préféra changer d'avis. Au cours d'une discussion, il dit à Fliess qu'ils devaient cesser de croire que la cause de l'hystérie résidait dans des abus sexuels subis pendant l'enfance, car cela les obligeait à accuser trop de pères – le sien, bien sûr, mais celui de Fliess aussi.

Il avait donc dû revenir sur des positions qu'il affirmait pourtant avec assurance. C'est ainsi qu'il évoqua pour la première fois l'existence du fameux « complexe d'Œdipe » auquel il donna le nom de « complexe paternel » en toute logique après tout ce qu'il avait observé dans les cas de ses patients. Il avait trouvé en lui des sentiments d'amour envers sa mère et de jalousie envers son père, et il pensait que ces sentiments étaient communs à tous les jeunes enfants. Si les filles désiraient leur père, elles pouvaient très bien envisager une relation fantasmée ou mensongère avec celui qu'elles adoraient. C'est ainsi que le mythe grec d'Œdipe s'était imposé à lui et l'avait conduit à changer le nom de ce complexe. Et il avait pu sauver les pères. Le sien, et celui de Fliess. Il se rendit compte que Fliess était soulagé. Et il comprit alors que c'était lui qui cherchait à le faire renoncer à sa croyance quant au rôle des abus sexuels dans la genèse des névroses.

À travers lui, Freud recherchait un père idéal, tout comme Sauerwald, lorsqu'il avait croisé son chemin. Ils avaient eu le même problème, dans leur enfance. Un père encombrant. Un père pervers.

Dans certains cas, il fallait bien fermer les yeux. Comme dans ce rêve étrange qu'il avait fait. C'était la nuit après l'enterrement de son père. Il voyait un écriteau imprimé, un placard ou une affiche comme l'affiche d'interdiction de fumer des salles d'attente de gare, et on y lisait : « On est prié de fermer les yeux. » À moins que ce ne fût : « On est prié de fermer un œil. »

Il reconnut l'endroit, c'était la boutique du coiffeur chez qui il allait tous les jours. Le jour de l'enterrement de son père, il dut attendre son tour pour se faire coiffer, et il était arrivé un peu en retard à la maison mortuaire.

La pancarte affichait deux signes contradictoires : « Fermer les yeux et fermer un œil. » Ces deux signes avaient des sens différents : on doit fermer les yeux du défunt, ce dont il s'était acquitté aussi bien physiquement que moralement en cachant ses fautes. Le deuxième sens le concernait, car il exprimait son désir d'indulgence vis-à-vis de Fliess. Il aurait dû, il aurait pu fermer les yeux. Ou plutôt : il les a fermés, dans le sens où il n'a rien dit concernant sa relation à son propre fils, et il tentait dans son rêve de se disculper de cette faute morale.

La boutique du coiffeur qui le rasait tous les jours faisait référence à la propreté, mais aussi à ses sentiments de culpabilité liés à cette pureté qu'il recherchait et que son père et celui de Fliess avaient souillée. Paradoxalement, cette prise de conscience par ce rêve avait provoqué en lui un sentiment de libération. Il ne sentait plus sa fatigue ni son blocage intellectuel. « Fermer les yeux », c'était ne pas voir, mais c'était aussi faire preuve d'indulgence.

La mort de son vieux père l'avait tant affecté, qu'il avait éprouvé le besoin de fermer les yeux sur ses fautes. Il fallait toujours sauver le père. Il avait joué un grand rôle dans sa vie, il devait le reconnaître et cela était d'autant plus difficile à accepter que la postérité le jugerait avec sévérité si elle avait connaissance de ses lettres. Il lui avait donc pardonné. Mais pas à Fliess. Ils avaient tous les deux un père immoral, mais ils n'étaient pas les mêmes. Ainsi, lorsqu'il avait appris la perversité de son ami, il avait résolu de se séparer de lui à son corps défendant.

Alors, Freud considère la vieille Bible qu'il a retrouvée dans le déménagement. Il se souvient du moment où son père lui a remis cette édition avec une dédicace en hébreu où il affirmait son admiration pour ce que son fils avait accompli et son amour pour lui. Pour lui rappeler ses origines plusieurs fois millénaires, il lui avait écrit que ce livre était caché comme les brisures des Tables de la Loi avaient été dissimulées dans le sanctuaire par Moïse. Et il l'avait fait relier en cuir, spécialement pour lui, en en donnant une version particulière, une version spéciale que lui seul possédait : il avait fait inverser deux chapitres, afin de mettre en exergue celui où David commit la faute d'envoyer Uri, l'époux de Bethsabée, au combat, afin de lui prendre sa femme. Une faute impardonnable. Et de cette lignée pourtant naîtrait le Messie.

Alors Freud ouvre la vieille Bible, et en récite encore une fois la dédicace : « Va, lis mon Livre, je l'ai écrit, et les sources de la sagesse, de la connaissance et la compréhension s'ouvriront en toi. »

REMERCIEMENTS

Je remercie Benoît Ruelle, qui est à l'origine de ce livre ainsi que Gilles Haéri, Guillaume Robert et Claire Covin.

Que soit également remerciée Anne Dufourmantelle, pour son attention bienveillante.

Composition et mise en pages
Nord Compo à Villeneuve-d'Ascq

CET OUVRAGE
A ÉTÉ ACHEVÉ D'IMPRIMER
SUR ROTO-PAGE
PAR L'IMPRIMERIE FLOCH
À MAYENNE EN MAI 2014

N° d'édition : L.01ELKN000506.N001. N° d'impression : 86856
Dépôt légal : août 2014
(Imprimé en France)